科技兴路

道路新技术漫谈

广西交科集团有限公司
佛山科学技术学院 编

西南交通大学出版社
·成都·

图书在版编目（CIP）数据

科技兴路：道路新技术漫谈 / 广西交科集团有限公司，佛山科学技术学院编. —成都：西南交通大学出版社，2022.12
ISBN 978-7-5643-9079-2

Ⅰ. ①科… Ⅱ. ①广… ②佛… Ⅲ. ①道路施工 - 工程技术 - 研究 Ⅳ. ①U415.6

中国版本图书馆 CIP 数据核字（2022）第 246458 号

Keji Xing Lu——Daolu Xin Jishu Mantan
科技兴路——道路新技术漫谈

广西交科集团有限公司
佛山科学技术学院   编

责任编辑	王同晓
封面设计	吴 兵
出版发行	西南交通大学出版社 （四川省成都市金牛区二环路北一段 111 号 西南交通大学创新大厦 21 楼）
发行部电话	028-87600564　028-87600533
邮政编码	610031
网 址	http://www.xnjdcbs.com
印 刷	四川玖艺呈现印刷有限公司
成品尺寸	170 mm × 230 mm
印 张	13.75
字 数	209 千
版 次	2022 年 12 月第 1 版
印 次	2022 年 12 月第 1 次
书 号	ISBN 978-7-5643-9079-2
定 价	80.00 元

图书如有印装质量问题　本社负责退换
版权所有　盗版必究　举报电话：028-87600562

编委会名单

主　编　　谢政专　覃　潇　张仰鹏

副主编　　李庚飞　熊奎元　褚丽晶

编　委　　张洪刚　谭　华　熊剑平

　　　　　廖德华　刘志胜　黄　慧

　　　　　焦晓东　禤炜安　刘卫东

　　　　　冯明珠

前 言
PREFACE

道路通则百业兴，交通强国，公路先行。道路交通一直是经济的脉络和文明的纽带。从古丝绸之路到唐宋时代的驿道网，从近代的简陋公路到现代四通八达的道路网络，道路交通推动着经济融通，也促进了人文交流，使世界成了紧密相连的"地球村"。习近平总书记强调："要加快形成绿色低碳交通运输方式，加强绿色基础设施建设，推广新能源、智能化、数字化、轻量化交通装备，鼓励引导绿色出行，让交通更加环保、出行更加低碳。"道路工程基础设施的建设与发展正顺应现代社会经济发展的新需求，往"绿色、环保、低碳"的方向进行。因此，《科技兴路——道路新技术漫谈》作为一本介绍道路工程新材料、新技术、新工艺发展历程及展示新一代道路交通技术工程实例的读物，整理了现阶段道路科技的主要成果，旨在科普道路知识，提升全民参与、大众创新的热情，充分发挥道路科普在交通强国建设中的宣传和引导作用。

本书基于道路设计、建设、运营与养护的全寿命周期，向读者展示了道路发展历程中发挥关键作用的新材料、新技术、新工艺，并结合近十年典型案例，阐述了新一代道路科技在防灾预警和灾后重建方面起到的重要作用，明确了道路发展的意义。本书主要介绍了全寿命周期道路科技新技术，包括道路从勘测设计、建设、运营及养护期各阶段新技术、新方法的技术原理、工程应用及发展前景，主要内容有：道路勘测技术；道路结构设计新方法、新技术；道路工程建设期新技术（路基、路面、附属设施、固体废弃物再生利用、施工创新技术等）；道路运营期智慧公路；维修养护技术（预防性养护、再生技术）；等等，能够使读者充分了解道路科技的发展历程。

同时还介绍了道路工程防灾减灾典型案例。基于近年来典型工程案例，展示目前智能化、信息化、大数据等新一代道路交通技术在灾害预防和抢险救灾等方面起到的积极作用，包括：边坡滑坡监控系统；地质灾害预警预报系统；无人机抢险救灾；城市道路塌陷灾害预警雷达系统；公路隧道典型表观病害实时监测与预警技术；桥梁健康监测技术；城市地表沉降监测技术；新时代的路面结构——复合式路面；新一代高性能橡胶沥青成套技术；车路协同 5G 技术信息化技术；等等。旨在科普新一代道路交通技术与交通参与者的多类型关联性。

本书主要由广西交科集团有限公司、广西道路结构与材料重点实验室与佛山科学技术学院道路工程团队创作。团队成员主要有广西交科集团有限公司、广西道路结构与材料重点实验室谭华、熊剑平、张洪刚、张仰鹏、谢政专、熊奎元、李庚飞、廖德华、黄慧、焦晓东、禤炜安、刘卫东、冯明珠，佛山科学技术学院覃潇、林永康、许婕婷、刘俊宏，广州市城市规划勘测设计研究院褚丽晶，山西交通控股集团有限公司刘志胜，广东工业大学孙晓龙。

作为科普读物，惠及大众是我们的共同愿望。但本书部分图片和内容来自网络，由于无法找到源头，在此向原作者及相关人员表示感谢和敬意。在写作本书的过程中，编者得到了出版社同仁的无私帮助，在此也表示衷心感谢。

本书可以作为科研工作者、工程技术人员、管理工作者、高校师生以及道路爱好者的读物。由于时间关系和水平有限，书中难免有疏漏之处，敬请大家赐教批评。

编者

2022 年 6 月

目 录
CONTENTS

1 道路勘测技术
  1.1 公路三维地理信息选线技术 2
  1.2 公路岩体结构面数字图像三维重构技术 4
  1.3 公路三维激光雷达扫描勘查设计技术 5
  1.4 基于高精度三维工程环境的公路勘察设计技术 8

2 道路结构设计新方法、新技术
  2.1 长寿命路面设计 10
  2.2 全透水柔性结构沥青路面 12
  2.3 重载交通水泥混凝土路面结构设计关键技术 13
  2.4 重载交通组合式基层耐久路面关键技术 15

3 路基工程新技术
  3.1 南方高速公路路基拼接关键技术 18
  3.2 南方多雨地区路基长期服役性能保障技术 22
  3.3 浅层淤泥地基改良加固处理技术 23
  3.4 土工织物散体桩处理软基技术 25
  3.5 公路边坡筋锚三维网生态防护技术 27

4 智能环保路面
  4.1 汽车尾气路面净化——光催化技术 30
  4.2 低碳多功能电气石改性沥青 32
  4.3 排水降噪沥青路面技术 36

4.4　路面热反射技术……………………………………………………39
　　4.5　沥青路面调温相变材料……………………………………………41
　　4.6　路面融雪化冰技术…………………………………………………44

5　先进路面材料

　　5.1　路面自愈合技术……………………………………………………51
　　5.2　高性能聚氨酯透水路面……………………………………………56
　　5.3　短切玄武岩纤维增强沥青混合料…………………………………57
　　5.4　高模量沥青混合料技术……………………………………………59
　　5.5　温拌沥青混合料技术………………………………………………61
　　5.6　高性能SBS改性乳化沥青黏层材料制备技术……………………65
　　5.7　高吸水性聚合物（SAP）内养护混凝土抗裂
　　　　及耐久性提升技术…………………………………………………67
　　5.8　自发光路面…………………………………………………………70

6　固体废弃物再生利用技术

　　6.1　废旧轮胎资源化生产高性能橡胶沥青技术………………………74
　　6.2　建筑垃圾在公路中的应用技术……………………………………77
　　6.3　钢渣路面材料综合利用技术………………………………………80
　　6.4　隧道弃渣在水泥稳定基层中的应用………………………………83

7　施工及质量检测新技术

　　7.1　智能压实技术………………………………………………………85
　　7.2　沥青路面施工智能控制技术………………………………………88
　　7.3　"3D摊铺"施工技术…………………………………………………90
　　7.4　连续配筋混凝土路面（CRCP）施工技术…………………………92
　　7.5　预制模块化道路技术………………………………………………93
　　7.6　振动搅拌技术………………………………………………………94
　　7.7　基于三维探地雷达的路基路面全深度诊断技术…………………97

8 运营期智慧公路

8.1 高速公路早期凝冰预警及高危路段凝冰自动化处置技术……99
8.2 智慧路面技术……101
8.3 智慧边坡监测系统……104
8.4 隧道智能视频检测和智能调光节能"双智能"系统……108
8.5 公路隧道新能源供电照明一体技术……109

9 道路维修养护技术

9.1 常规预防性养护技术……112
9.2 超薄沥青磨耗层技术……116
9.3 路面大中修养护设计成套技术……119
9.4 沥青路面结构内部裂缝非开挖注浆修补技术……125

10 道路再生技术

10.1 沥青路面冷再生技术……129
10.2 沥青路面热再生技术……131
10.3 沥青路面温拌再生技术……134
10.4 水泥混凝土路面碎石化综合技术……135

附录……137

参考文献……189

道路科技成果介绍

1 道路勘测技术
2 道路结构设计新方法、新技术
3 路基工程新技术
4 智能环保路面
5 先进路面材料
6 固体废弃物再生利用技术
7 施工及质量检测新技术
8 运营期智慧公路
9 道路维修养护技术
10　道路再生技术

1 道路勘测技术

1.1 公路三维地理信息选线技术

公路三维地理信息选线技术是在公路三维建模技术、公路三维地理信息技术基础上研发的一种三维实时公路选线技术，采用 EV-Road Designer 软件进行选线。

EV-Road Designer 内置了常见道路样式，采用矢量化和参数化的数据存储并实时构建道路模型，包含路面模型、桥梁模型、隧道模型、交叉路口模型、匝道模型，以及中央隔离带、护栏、标牌、路灯等道路附属物模型，可以实现道路地形实时无缝融合匹配，道路模型如图 1-1 所示。

（a）道路模型　　　　　　　　（b）实际路面与地形

图 1-1　路面与地形完全贴合的道路模型

设计人员可以基于 EV-Road Designer 软件完成平面初步定线、三维平纵定线、立体模型定线等步骤，如图 1-2、图 1-3 所示。

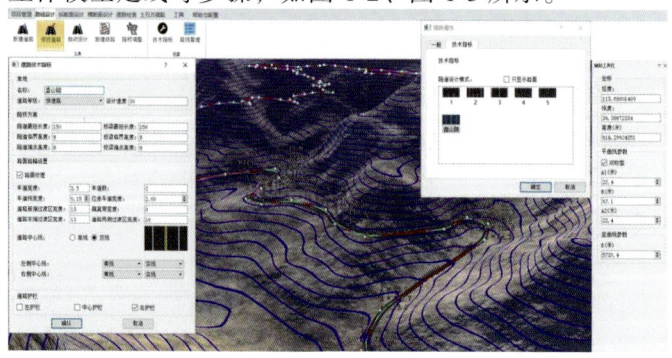

图 1-2　平面定线（动态生成和显示等高线）

1 道路勘测技术

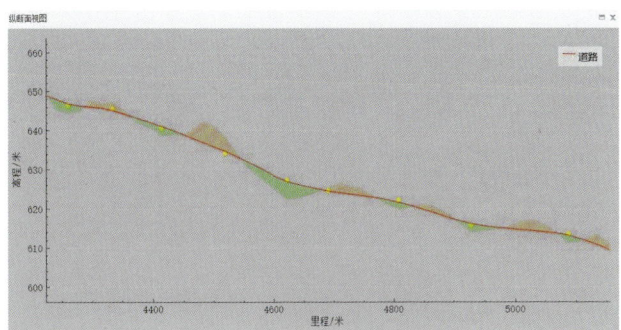

图 1-3 纵断面设计

其次，EV-Road 能够自动判断出需要架桥、修隧的路段，并精确设置桥梁位置、隧道洞口方案，如图 1-4、1-5 所示；能够实时计算全线工程数量，Digsigner 及时对比、优化方案，使公路选线更加合理。

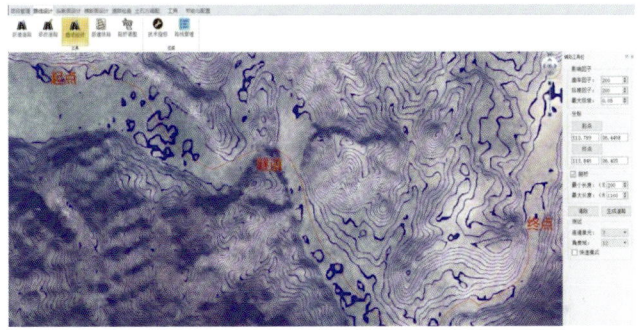

图 1-4 自动选线设计（线路中有一条自动规划的隧道）

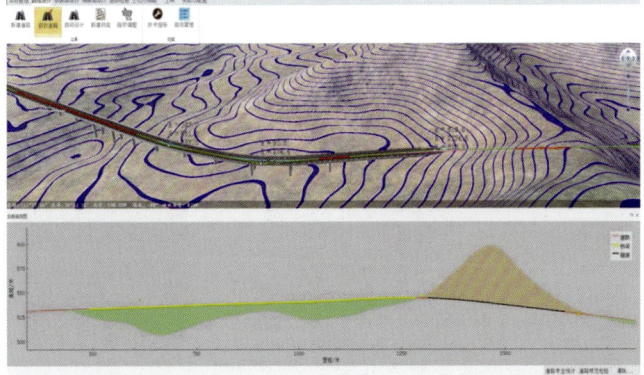

图 1-5 通过调整纵断面曲线，自动生成桥隧（黄色线为桥，黑色线为隧道）

◆ **推广前景**

该技术可在公路规划、可行性研究、路线方案选定中运用,为重大公路方案的选择提供直观、可视、三维的依据;可及时发现设计方案和实地环境结合的不合理之处,提高设计效率,节省项目投资;可同步完成路线与景观协调、避绕不良地质灾区、公路环境美化等工作。

1.2 公路岩体结构面数字图像三维重构技术

针对公路岩质隧道开挖面岩体结构信息的获取及管理,提出了一种有效可行的数字化识别方法。即采用高像素单相机双目三维数字照相系统获得公路隧道岩体表面图像(图1-6),通过三维重构技术生成三维点云模型(图1-7),对隧道开挖掌子面岩体结构面几何信息进行快速准确地获取和识别,可有效缩短约50%的采集时间。

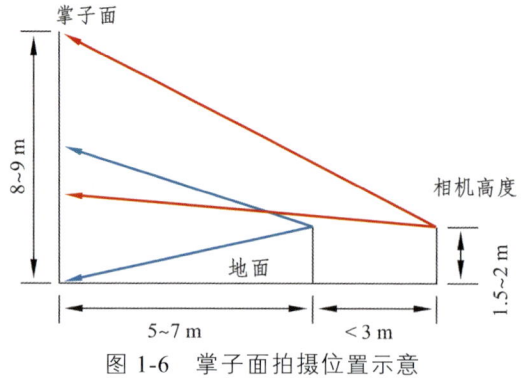

图 1-6 掌子面拍摄位置示意

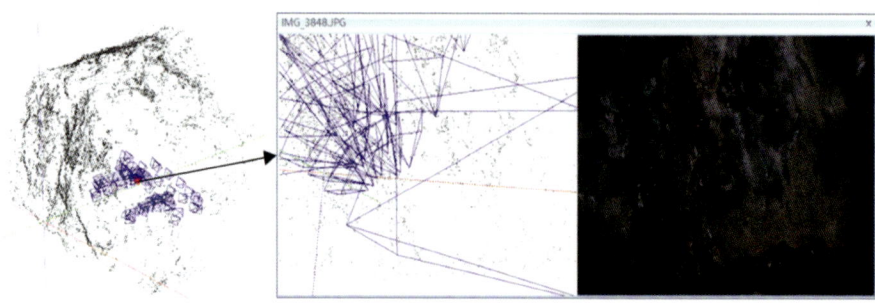

图 1-7 生成围岩表面点云(左),对应视点拍摄的岩体表面局部图像(右)

在几何信息采集的基础上,建立岩体隧道三维连续和非连续模型,进行精细化优化设计与分析。其中，连续模型采用基于三维非线性破坏准则的有限元精细化分析方法；非连续模型采用三维关键块体分析或三维非连续变形分析（DDA）方法，某断面的非连续变形动态位移变化过程如图1-8所示。

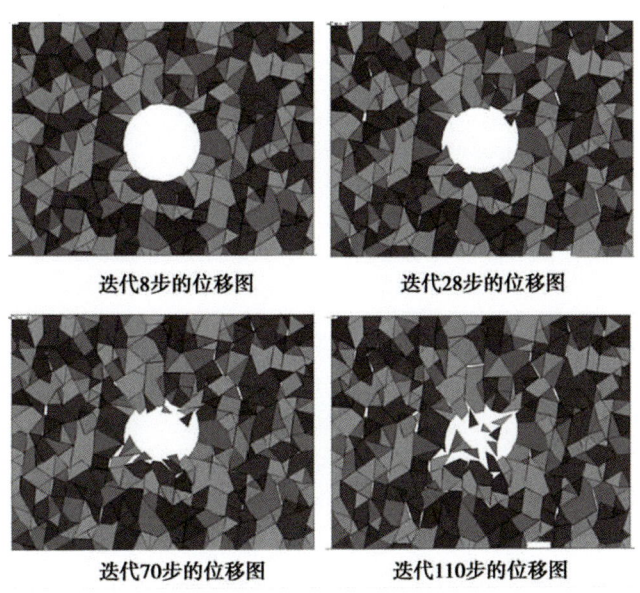

图1-8　某断面非连续变形动态位移变化过程

◆ 推广前景

　　该技术在精细化采集和分析的基础上，对隧道围岩支护进行局部优化设计，为隧道超前预报和稳定性分析提供了依据，提高预报成功率，可以有效地减少事故的发生。

1.3　公路三维激光雷达扫描勘查设计技术

　　公路三维激光雷达扫描勘查设计技术是通过集成激光扫描测量、全球定位系统、惯性导航系统等多种技术，以汽车或飞机作为数据采集平台，同步、快速、高精度地获取地表三维空间坐标和影像数据，代替传统人工测量，车载与机载激光测量示意见图1-9、图1-10。使用该技术在勘察过程中不受阴影、太阳高速角、薄雾等影响，适合植被茂盛、气候多变、地形复杂地区的公路勘察设计,且不干扰现有交通流,能够缩短三分之一的勘察周期。技术优势展示如图1-11。

(a)车载移动激光扫描测量系统　　　　(b)扫描范围

图1-9　车载激光测量数据采集(精度3cm)

图1-10　机载激光测量数据采集

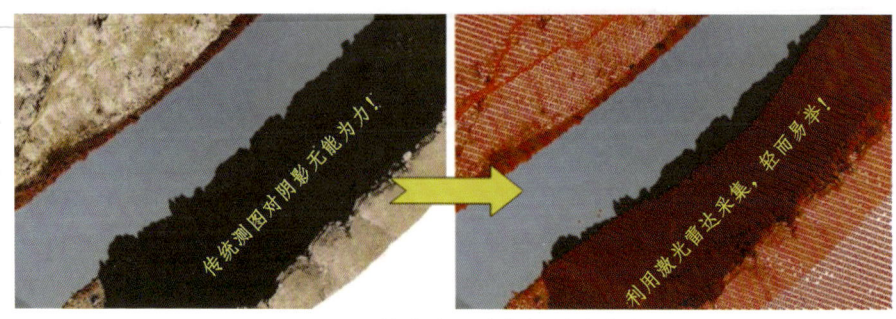

图1-11　三维激光雷达扫描技术优势

1 道路勘测技术

基于海量机载高密度激光数据的动态管理与建模技术,能够快速生成高密度的数字高程模型(DEM)、高分辨率的数字正射影像图(DOM)和大比例尺数字线划地形图(DLG),如图1-12所示。

图1-12　DEM、DOM和DLG图

该技术能够基于高密度机载LIDAR点云的任意点高程快速插值及断面三维地面线的自动生成,实现激光测量数据与公路CAD设计系统的数据交互,形成一套困难、复杂地区三维激光扫描测量和与公路初测、定测阶段一体化设计紧密集成的协同设计模式。设计流程见图1-13。

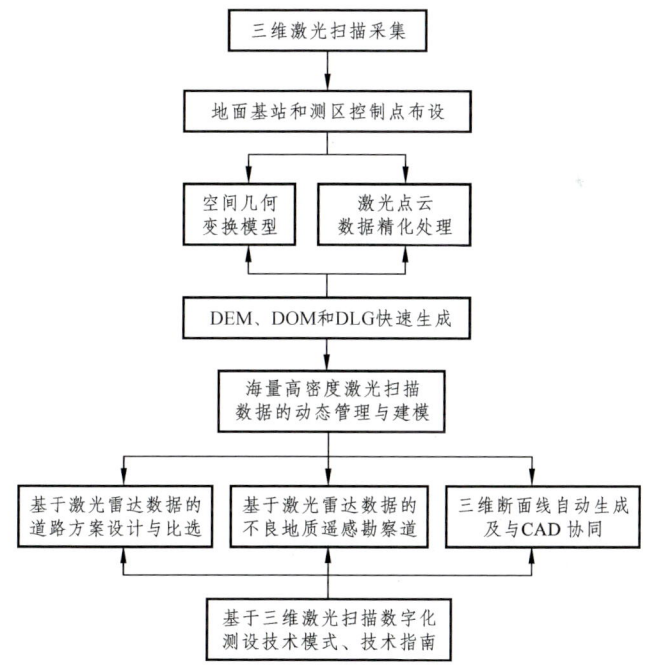

图1-13　关键技术或工艺流程

◆ **推广前景**

该技术代替了传统的人工测量方式,能够有效克服由于极端天气、空中管制、恶劣环境甚至地区冲突等导致传统航空摄影测量及人工地面测量无法开展所造成的基础地形地质资料无法获取的难题,显著缩短工程建设周期(缩短约三分之一)、大幅降低工程建设成本。

1.4 基于高精度三维工程环境的公路勘察设计技术

基于高精度三维工程环境的公路勘察设计技术指基于多源数据快速获取与精确融合、海量数据管理、三维建模、可视化等理论,能够实现野外地形、水系、植被等细节的真实再现,自动计算并提取纵、横断面地面线,为智能化设计、公路建设养护、运营管理建立仿真三维数据平台。

该技术虚拟放样与自动断面测量过程示意如图1-14、图1-15所示。

图1-14 拟放样

图1-15 自动断面测量

其中的多源数据集成与精确融合技术,是基于四元数坐标转换等数学转换模型来实现点云快速配准、精度自验证、坐标自适应的转换,解决了以往存在的配准精度不高、误差大等问题。多源数据的获取与影像数据的叠加集成如图1-16、1-17所示。

1 道路勘测技术

图1-16 原始激光扫描数据图　　1-17 影响数据叠加集成

◆**推广前景**

该技术彻底解决了传统水准测量依赖地面标石高程基准所存在的建立难、维持难、统一难等问题；建立了新型公路勘察设计地面控制测量方案；解决了复杂地区高等级公路建设中高程测量难题；实现了任意点高程精度均达到相应等级水准要求，在整个工程勘查、设计、施工和后期运营维护中均可持续发挥效用。

2 道路结构设计新方法、新技术

2.1 长寿命路面设计

长寿命沥青路面是指设计寿命超过 40 年的路面结构,其设计理论基础是疲劳极限。长寿命沥青路面在服役过程中,沥青层底产生的弯拉应变始终小于疲劳极限。由于整个沥青层结构中沥青层底的弯拉应变最大,故整个结构不会发生疲劳破坏,即便有损坏,也仅会出现在表面功能层。

长寿命路面典型结构如 2-1 所示。

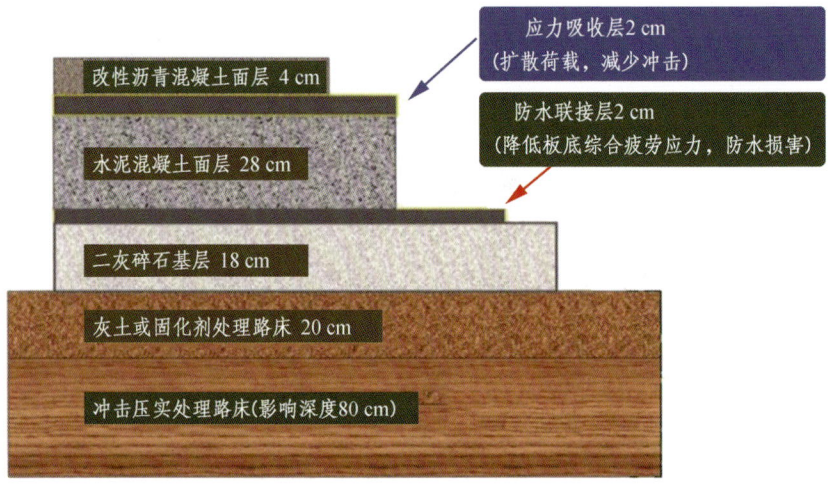

图 2-1 长寿命路面典型结构

根据图 2-1 可知,其面层结构组成为:柔(改性沥青密集配混凝土+应力吸收层,见图 2-2)+刚(大厚度高抗折水泥混凝土面层+传力杆,工程图见图 2-3)+柔(防水联接层,见图 2-4)。该结构中基层的特点在于掺加了硫酸钠早强剂以提升早期强度,减少裂缝,并在基层顶部设置防水联接层,减少水分的下渗。

2 道路结构设计新方法、新技术

图 2-2　应力吸收层　　　　图 2-3　全部缩缝设传力杆,保证行车平稳

图 2-4　防水联接层

长寿命路面结构路基设计特点:采用冲击压实技术提前完成 4 cm 路基沉降;路基顶面 20 cm 土层采用固化剂处理。设计步骤如下:

(1)调查路面交通量,确定设计轴载,适宜考虑超载和动载问题;

(2)着重考虑温度、湿度对路面的影响,选取合理温度湿度修正系数;

(3)根据公路沿线的土基状况,提出处理方案;

(4)试验确定各层材料的性质,如模量、疲劳寿命等;

(5)在一定的安全系数下,拟定路面结构组合及厚度;

(6)对拟定的路面结构进行疲劳、永久变形、低温缩裂进行评价;

(7)与路面结构的损坏标准进行对比,判断拟定的路面结构是否符合要求。若不满足要求,返回步骤(5)。

（8）进行经济性评价。

◆ 推广前景

长寿命沥青路面降低了传统沥青层层底疲劳开裂，避免了结构性车辙，具有良好的路用性能，提高了路面的经济效益和社会效益。

2.2 全透水柔性结构沥青路面

全透水柔性结构沥青路面的主要设计理念在于路面结构层均采用多孔材料，雨水通过路面材料的连通孔隙从面层入渗并部分渗入路基，最大限度地缓解城市洪涝灾害并补充地下水资源。全透水柔性结构沥青路面如图 2-5 所示。

图 2-5　全透水柔性结构沥青路面

路表水分能够通过透水面层及透水基层下渗，进而从排水孔排出，该路面结构层自上而下依次为 4cm 透水沥青混合料上面层、6cm 透水沥青混合料下面层（图 2-6）、36cm 多孔沥青稳定碎石基层（柔性基层）或多孔水泥稳定碎石基层（半刚性基层，见图 2-7）、30cm 级配碎石底基层和土工布隔离层，路面结构示意如图 2-8 所示。

2 道路结构设计新方法、新技术

图 2-6 透水沥青混合料材料

图 2-7 多孔透水性水泥稳定碎石基层

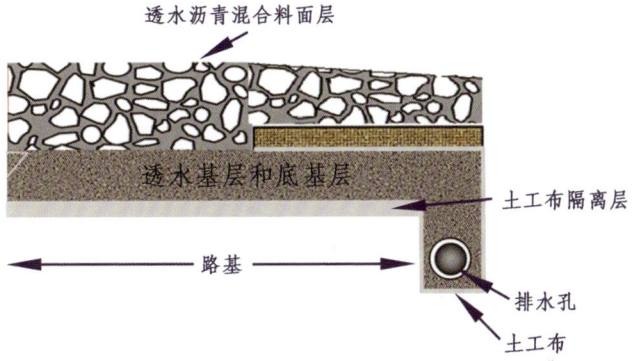

图 2-8 全透水柔性结构沥青路面

◆ 推广前景

全透水柔性结构沥青路面相比普通沥青路面，在地表径流削减、降低行车噪声、缓解城市热岛、提高路表抗滑性能等方面作用明显，可在海绵城市建设中进一步推广应用。

2.3 重载交通水泥混凝土路面结构设计关键技术

随着公路运输大型化、集约化的发展趋势，重载交通水泥混凝土路面结构的需求大幅提升。

该技术通过建立路基动态回弹模量与设计弯沉的关系模型，计算路基压应力的竖向分布规律。在工程应用中采用路基压实度和孔隙率双指标压实质量控制标准，解决路基-路面变形协调问题。用 Winkler 地基上平面不等尺寸双层结构模型分析基层超宽条件下的路面结构力学响应，进行重交通水泥混凝土路面面层、基层荷载应力计算。

针对极重载交通下混凝土板一次极限断裂情况，提出水泥混凝土路面极限断裂破坏模式及极限断裂控制准则和基层疲劳破坏准则，构建重载交通水泥混凝土路面极限状态设计法。

重载交通水泥混凝土路面结构设计步骤如图 2-9 所示。

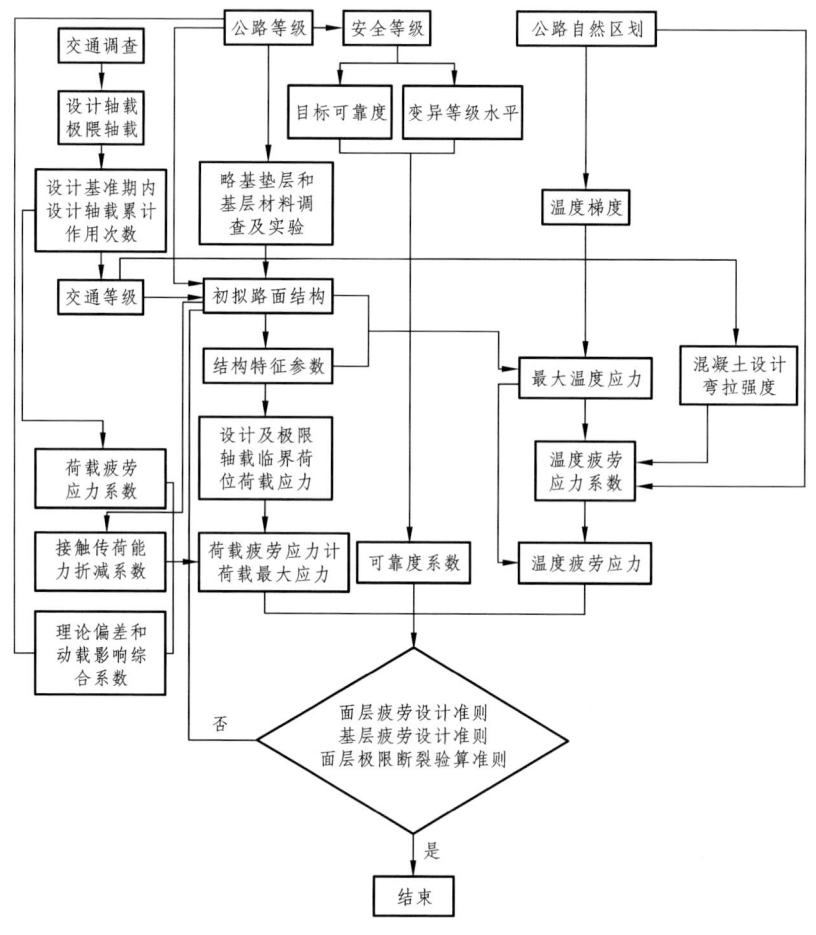

图 2-9　重载交通水泥混凝土路面结构设计步骤

2 道路结构设计新方法、新技术

◆ **推广前景**

随着公路运输大型化、集约化趋势的发展,一批批重载交通水泥混凝土路面的建设和改造即将展开,该技术有着实际的应用需求,且一些林区、厂矿区专用道路的建设也给技术的推广提供了空间。

2.4 重载交通组合式基层耐久路面关键技术

1. 不同功能层设计

为适应重载条件下路面结构不同区域应力状态,将沥青层划分成不同功能层,如图 2-10 所示。

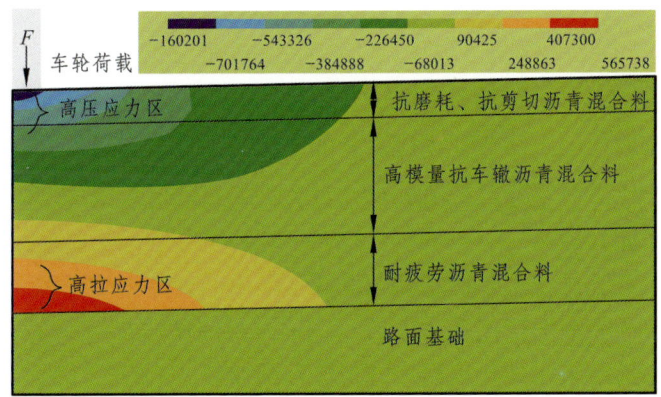

图 2-10 路面应力及功能层划分示意

由图 2-10 可见,表面层直接受车辆荷载作用,且位于车轮荷载作用的高压应力区,因此应具有较好的抗磨耗、抗剪切能力;中间层同样受压,因此应具有较好的抗车辙及耐久性能;底面层位于高拉应力区且受一定压力,故应具备较好的耐疲劳性能与一定的抗车辙能力。

2. 沥青混合层极限应变

沥青混合料层存在一个弯拉应变临界点,当路面结构内沥青混合料层弯拉应变低于此值时,沥青层底就不会产生疲劳损伤。路面设计中只要控制沥青层底弯拉应变小于极限应变,即可确保沥青层无结构疲劳损伤,原理如图 2-11 所示。

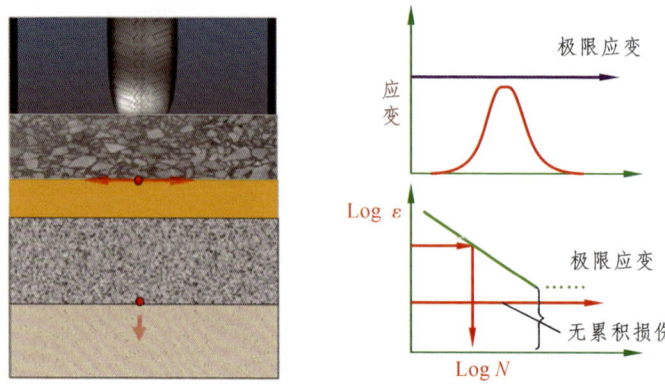

图 2-11　沥青层极限应变原理

3. 无机结合料稳定材料损伤

通过增加沥青层厚度和提高基础承载力，降低无机结合料稳定材料层的层位、应力水平和温湿度波动，实现半刚性基层长寿命的目标。

采用沥青碎石层与无机结合料稳定材料组合式基层路面结构，按照累计损伤原理进行技术分析，确保设计年限内沥青碎石层底和无机结合料稳定材料层的累积损伤不超过极限，实现路面结构耐久和可持续使用的目标。组合式基层耐久路面结构设计分析流程则如图 2-12 所示。

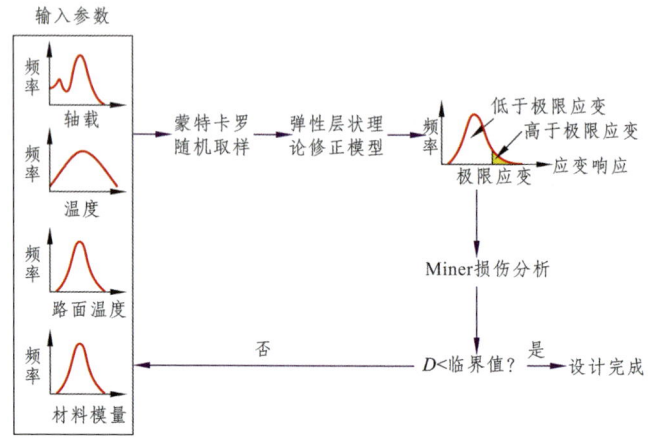

图 2-12　组合式基层耐久路面结构设计分析流程

◆ **推广前景**

　　该技术既继承了传统半刚性基层路面结构承载力大的优点,又吸收了长寿命路面的技术原理和优势,同时克服了无机结合料稳定材料层疲劳、温缩、干缩引起路面开裂的缺陷,具有较高的推广价值。

3 路基工程新技术

3.1 南方高速公路路基拼接关键技术

南方高速公路路基拼接技术主要解决是为了我国南方地区高速公路拓宽路堤长期稳定性差、施工工期长、新老路堤变形协调难、老路堤难以快速评价和科学利用等问题。主要关键技术如下：

1. CBR 和压实度双控的不良土质路堤施工含水率设计方法

第一步，土脱湿后通过重型击实试验确定最佳含水率 OMC 和土样压实度随击实功不再变化（即橡皮土现象）的临界含水率 $a\%$。

第二步，进行浸水 CBR 试验，确定 $CBR \geqslant 3\%$ 的含水率范围，即 $b\% \sim c\%$。

CBR：试料贯入量达 2.5 mm 时，单位压力对标准碎石压入相同贯入量时标准荷载强度的比值，用百分数表示。压实度和 CBR 随含水率的变化曲线如图 3-1 所示，其中对于未出现橡皮土现象的临界含水率 $a\%$ 和 CBR 值能满足规范要求的含水率范围 $b\% \sim c\%$ 重叠并大于 OMC 的含水率范围（黄色区域）可直接对其碾压。

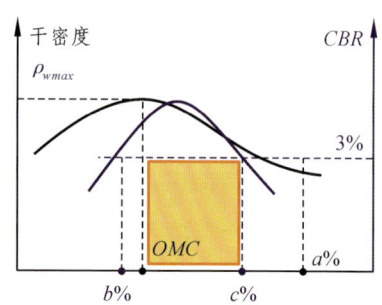

图 3-1　压实度和 CBR 随含水率的变化曲线

2. 路堤填料的快速降湿方法及设备

采用过湿土路堤快速施工装备进行路堤填料的快速降湿。根据过湿土填料天然含水率、压实控制含水率等确定风速、风温，通过人为干预填料的外界环境,使过湿土路堤填料迅速降低至压实控制含水率。过湿土路堤快速施工装备包括风温风速控制室、风管口、翻拌轮及卷筒摊铺装置等,详见图3-2。

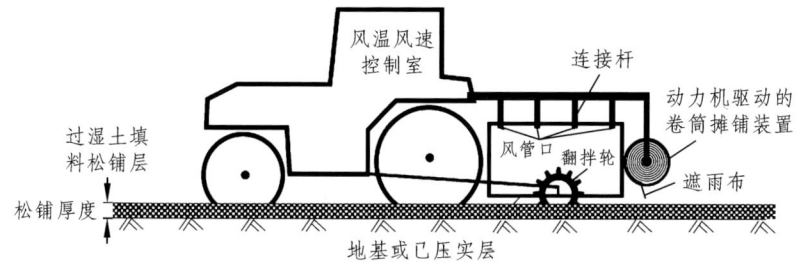

图 3-2 过湿土路堤快速施工装备

3. 以施工含水率对应的临界应力控制路堤永久变形的技术

通过动三轴试验方法,得到路堤土塑性安定、塑性蠕变和累积破坏的3阶段变形规律,并以塑性应变形态和回弹变形速率为指标,得到控制路堤永久变形处于塑性安定状态的临界应力包络线,以含水率、围压为参数建立了其计算方法:

$$\sigma_{cri} = a \cdot \exp(b \cdot \frac{w}{w_o}) \cdot (\sigma_3 + c) \quad (3-1)$$

式中 σ_{cri} ——临界破坏应力(kPa);

w ——含水率;

w_o ——最佳含水率;

σ_3 ——围压(kPa);

a、b、c——拟合常数。

4. 路堤结构回弹模量计算方法

该技术还提出了路堤顶面当量回弹模量计算方法,其流程如图3-3所示。

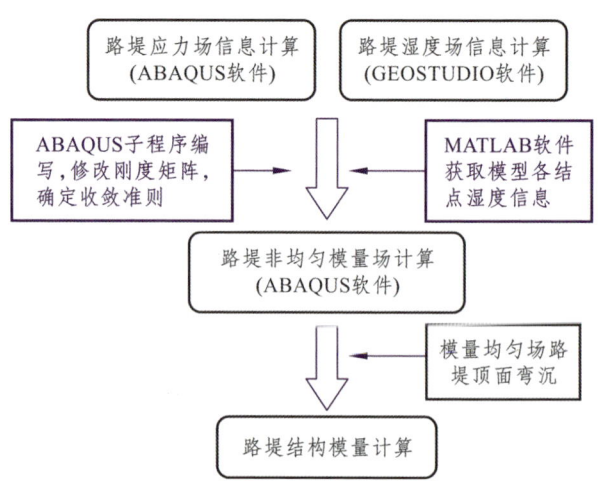

图 3-3 路堤顶面当量回弹模量计算流程

5. 拓宽路堤不均匀沉降控制指标与标准

根据我国高速公路改扩建工程施工老路不封闭交通的特点,建立了路面结构受力分析数值模型,提出了差异沉降标准,要求施工期老路差异沉降不大于 0.25%,新老路堤工后差异沉降不大于 0.20%。

6. 拓宽路基加筋结构

采用网状格栅对拓宽路堤进行加筋,如图 3-4 所示,提出控制拓宽路基不均匀沉降的加筋设计方法。

图 3-4 路基加筋

7. 软弱老路基台阶处治技术

确定了最佳台阶尺寸，提出了液压强夯、重型碾压等老路堤松散台阶系列处治技术，有效增强新老路堤衔接强度。软弱老路基台阶如图 3-5 所示。

图 3-5 软弱老路基台阶

8. 新老路堤综合排水系统

发明了老路堤坡面和坡脚渗水处治系统，开发了改扩建工程施工期路表排水系统（图 3-6），避免路堤湿化变形。

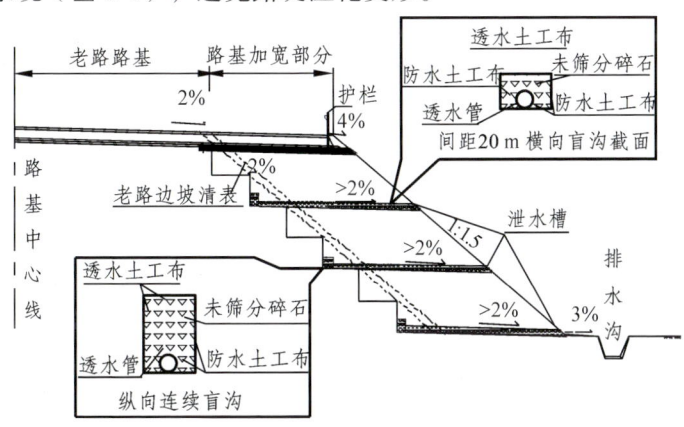

图 3-6 施工期路表排水系统

9. 老路堤工作性能快速检测方法

提出了基于 PFWD 模量的老路堤工作性能快速检测方法。其中 PFWD

模量与承载板模量的关系：

$$E_b = 21.01 e^{0.0258 Ep}$$

（3-2）

PFWD 模量与贝克曼梁弯沉的关系：

$$L = 771.49 e^{-0.027 Ep}$$

（3-3）

◆ 推广前景

本技术既适用于南方高速公路改扩建工程，亦可用于南方新建路基工程，其他地区的高速公路改扩建工程亦可参考，应用前景广阔。

3.2 南方多雨地区路基长期服役性能保障技术

1. 考虑应力和湿度耦合作用下路基回弹模量的变化

建立了四参数动态回弹模量预估模型，可精细调整剪应力对于动态回弹模量的贡献，如图3-7所示。提出依据物性参数的模量调整系数和湿化率预估模型，可降低因路基模量衰变考虑不足引起路基路面破坏可能性，如图3-8所示。

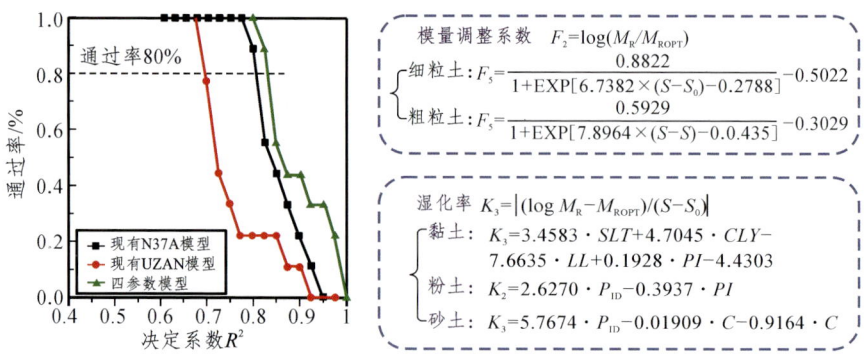

图3-7 四参数动态回弹模量预估模型　图3-8 模量调整系数和湿化率预估模型

2. 参数化建立轮胎-路面-路基动力学分析设计模型

用户可直观地进行几何尺寸、路基路面、加筋材料和位置、车辆轴型、

3 路基工程新技术

轮胎尺寸等参数的设置,如图 3-9 所示。

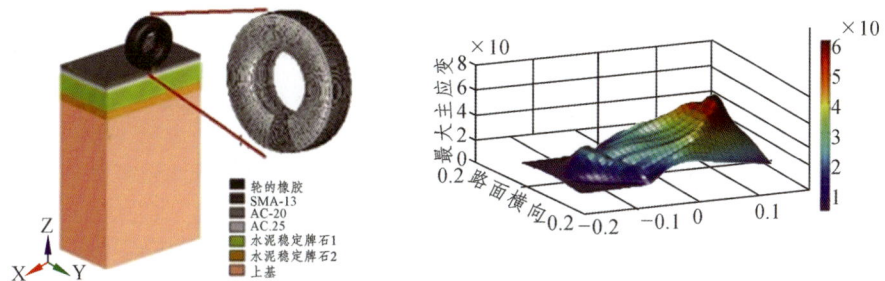

图 3-9 参数化建立轮胎

◆ 推广前景

该技术首次提出了集成毛细透排水管设计方案和施工工艺的路基湿度控制技术,利用虹吸力进行土体排水,增强了湿度控制效果,降低了路基土颗粒的流失,实现资源节约与环境友好型交通的需求。

3.3 浅层淤泥地基改良加固处理技术

淤泥(图 3-10)含水量高,有机质、盐分含量大,承载力及工程性差,不能直接用于路基填筑。在工程施工时需对表面淤泥进行挖除,再用路基填土进行回填,如图 3-11、图 3-12 所示。

图 3-10 淤泥　　　　　图 3-11 淤泥挖除

- 23 -

图 3-12　路基填土回填

开挖的淤泥不仅会占用大面积场地，而且选择取土坑取土也会占用周围耕地，严重违背我国交通行业的可持续性和绿色发展目标。

该浅层淤泥地基改良加固处理技术是在淤泥地基中添加新型淤泥固化材料（蛭石粉改性甲基纤维素，如图 3-13、图 3-14 所示）。该材料对淤泥具有良好泥强化和改性效果，且应用方法简便，施工容易，应用过程中无二次污染物出现，能够满足淤泥资源化的各项应用需求，对于淤泥的绿色化处理和应用具有重要意义。

图 3-13　蛭石粉　　　　　图 3-14　甲基纤维素

蛭石粉改性甲基纤维素具多孔结构，且具有微观纤维分支，其微观形貌如图 3-15 所示，与淤泥接触后能够吸附固定部分淤泥，并通过纤维形成搭接框架，将框架内的淤泥由自由态转变为独立受限状态，将其与淤泥主体隔离开，形成防水性阻隔膜。纤维在淤泥中也可起加筋作用，与淤泥形成统一的整体承受外界荷载，保证了淤泥颗粒之间的黏结和固结，固化后的淤泥土透射电镜图如图3-16所示。

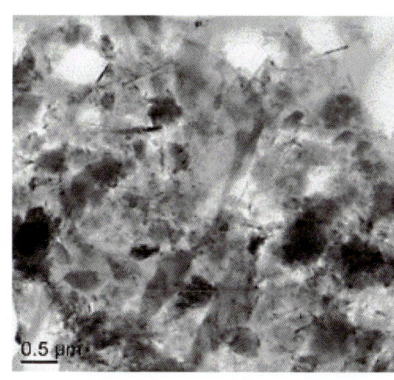 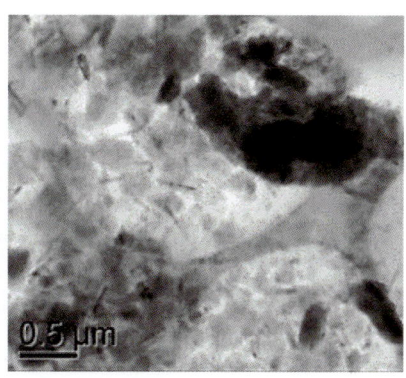

图3-15　掺加蛭石粉改性甲基纤维素　　图3-16　固化后的淤泥土透射电镜图

◆ **推广前景**

浅表层淤泥固化剂及资源化利用技术，实现了淤泥材料的环保化、资源化及高效化的利用和处置，降低环境污染、节约筑路资源、降低施工成本，对于实现淤泥质土在工程建设中资源化利用具有关键意义。

3.4　土工织物散体桩处理软基技术

土工织物散体桩是一种新型的地基处理方法，其主要原理是采用碎石或砂砾等散体材料外套土工织物筒形成基桩，该桩处理软土地基，从机理上说同时具备了对软土的置换、挤密加固、排水固结和桩基承传力的多种功能，其施工速度快、复合地基效果好、工程造价低。

本技术适应于粉土、沙土、黏土、填土、淤泥质土等各种地质条件的软基，抗腐蚀能力强。

土工织物散体桩加固示意如图3-17，其中软土地基中的水分沿着散体桩向上排出以实现土体的排水固结，同时，以碎石或砂砾填充的散体桩与天然土体形成复合地基。

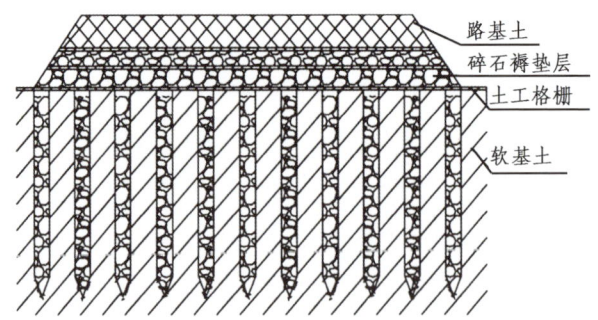

图 3-17　土工织物散体桩加固示意

土工织物散体桩机如图 3-18 所示。

![土工织物散体桩机照片]

图 3-18　土工织物散体桩机

土工织物散体桩施工工法见图 3-19。

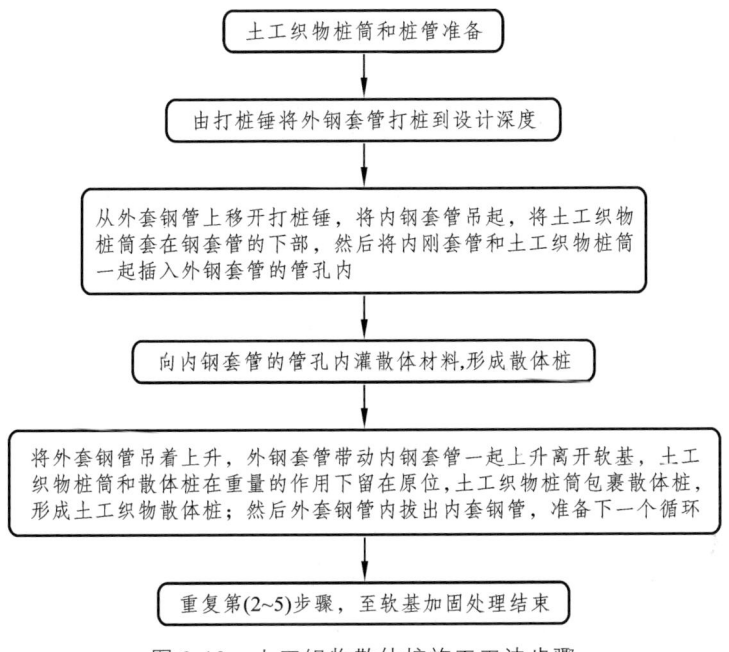

图 3-19 土工织物散体桩施工工法步骤

该技术已成功应用于内蒙古海拉尔至阿木古郎 S201 线 K158+000～158+330 段中度盐渍土软基处理，安徽泗许高速公路淮北段软基处理、泗县段高烈度地区高饱和粉土软基处理，安徽北沿江高速公路马鞍山至巢湖段淤泥质软基处理，内蒙古 S203 线阿拉坦额莫勒至阿木古郎一级公路全路段湿地软基处理等。

◆ 推广前景

本技术不仅可用于陆地工程建设各种复杂地质状况下的软土或超软土的地基处理，同时，若在港口工程中应用，可减少港池的淤泥挖填，提高码头基础的质量效果，具有显著的社会经济效益。

3.5 公路边坡筋锚三维网生态防护技术

边坡筋锚三维网生态防护技术所涉及的边坡防护结构为锚杆+铁丝网+喷团粒土+高性能生态基材+加筋麦克垫，基本原理是防护结构利用锚杆提高边坡的稳定性，通过喷射团粒土和高性能生态基材提供坡面植物的生长所需要的水土条件，加筋麦克垫则可以防护坡面土体的流失并与锚杆一共同发挥作用，提高边坡稳定性。其工艺流程如图 3-20 所示。

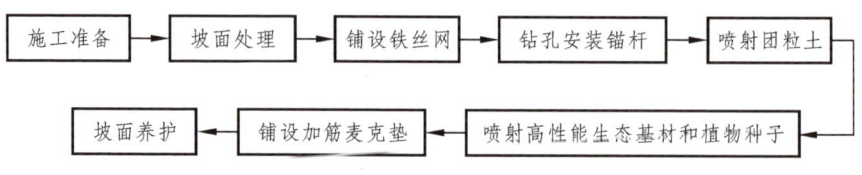

图 3-20　边坡生态防护工艺流程

首先，采用爆破或非爆破方法开挖至设计坡面线，清理开挖后边坡坡面的松动石块和浮土，保持坡面清洁，如图 3-21 所示。

图 3-21　坡面处理和清洁

然后，在坡面自上而下铺设勾花铁丝网，铁丝网铺设时要紧贴坡面，并采用 L 形固定钉进行固定（图 3-21）。坡面铁丝网的铺设如图 3-22 所示，固定钉呈梅花形布置，间距不得大于 1m。在坡面凹陷处应增加固定钉的数量，确保铁丝网紧贴坡面，避免铁丝网架空现象。

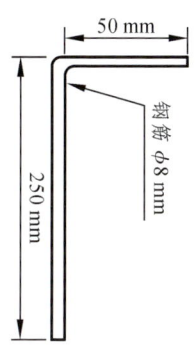 

图 3-22　L 形固定钉示意　　　　图 3-23　铁丝网铺设

最后，钻孔安装锚杆，根据边坡防护设计测定锚杆位置，采用潜孔钻钻出锚杆安装用钻孔。

◆ 推广前景

该技术采用筋锚三维网生态防护技术能够使施工难度及工程造价得到降低，还能够改善边坡的生态绿化效果，使边坡与周围景观相协调，具有了良好的技术、经济与环境效益。

4 智能环保路面

4.1 汽车尾气路面净化——光催化技术

应用光催化剂净化汽车尾气的基本原理是利用催化剂在阳光作用下促使汽车尾气的还原性气体 CO、HC 与氧化性气体 O_2、NO_x 发生反应，生成无害的 H_2O、CO_2 与 N_2，符合绿色出行理念和低碳城市的发展观念。催化材料主要包括以下 4 种：

1. 纳米 TiO_2 基催化剂

纳米 TiO_2 基催化剂为解决城市大气污染问题提供了有效途径。

纳米 TiO_2 的微观形貌及其用于沥青路面表面的情况分别如图 4-1、图 4-2 所示。

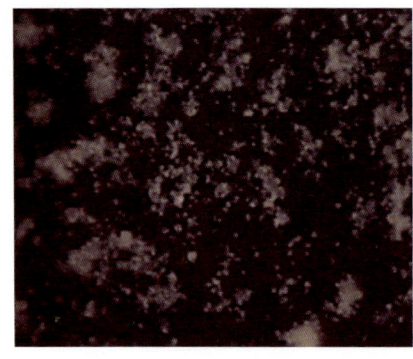 

图 4-1　纳米 TiO_2 偏光显微镜照片　　图 4-2　纳米 TiO_2 沥青路面表面情况

纳米 TiO_2 基催化剂在阳光的照射下即可反应，其具有能耗低、反应速度较快、降解产物（CO_2、H_2O）无二次污染及对任何有机物都有降解作用等优势。

2. 贵金属催化剂

贵金属催化剂以铂、铑应用最广，其表面易吸附反应物，且强度适中，利于形成中间"活性化合物"，具有较高催化活性，同时还具耐高温、抗氧化、耐腐蚀等综合优良特性。

3. ABO_3 钙钛矿结构催化剂

ABO_3 钙钛矿结构催化剂中的 A 指稀土元素，B 指过渡金属元素，稀土元素由于其独特的 4f 电子层结构而在化学反应过程中表现出良好的助催化性能。ABO_3 钙钛矿的组成如图 4-3 所示。

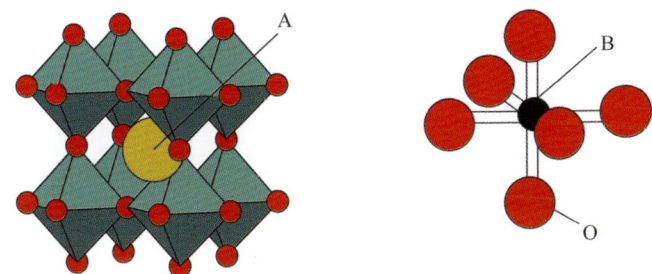

图 4-3　立方钙钛矿三维空间结构及基本结构组成单元

ABO_3 钙钛矿结构催化剂热稳定性好，对 CO 净化率高，对 CH 也有一定净化效果，但其对 NO_X 净化效果不显著，且起燃温度高，寿命较短。

4. 介孔材料催化剂

将沸石与活性组分复合制备沸石基负载型催化剂，属介孔材料催化剂，如图 4-4 所示。沸石分子筛对尾气中分子的吸附性能主要取决于内部孔道结构，不同沸石分子筛内部孔道结构不同，其吸附特性存在显著差异。

图 4-4　沸石分子筛

汽车尾气降解效果的测试一般采用光催化尾气反应系统，如图 4-5 所示。

 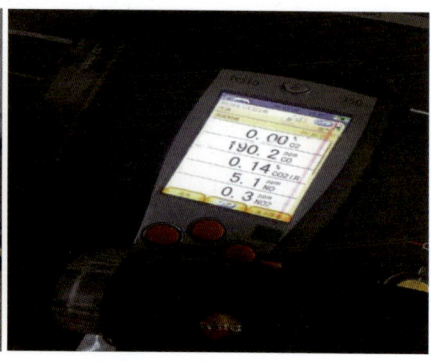

图 4-5　光催化尾气反应系统

我国已有若干试验路段正在尝试使用该技术。如上海浦东中环线内圈金科路，铺筑了长 180m、厚 4cm、宽 29.5m 的含 TiO_2 光催化剂的 OGFC 沥青混合料上面层。上海奉贤区茂园路将 TiO_2 溶胶洒布在 2km 的沥青路面上以降解汽车尾气。

◆ 推广前景

　　光催化技术已成为解决城市大气污染问题的有效途径，其在道路建设中的应用符合中国的发展国情，符合绿色出行理念和低碳城市的发展观念。

4.2 低碳多功能电气石改性沥青

低碳多功能电气石改性沥青是将电气石粉体活化处理后，添加偶联剂制备成的沥青，如图 4-6 所示，能有效改善沥青以及沥青混合料的高温、低温及水稳定性能，同时具有热拌减排、阻燃抑烟及净化尾气等功能。

4 智能环保路面

图 4-6 低碳多功能电气石改性沥青

低碳多功能电气石改性沥青混合料的高温性能、低温性能、水稳定性能及阻燃抑烟性能测试结果如下：

1. 高温性能（车辙试验）

低碳多功能电气石改性沥青混合料（加电气石粉或电气石负离子粉）与其他类型沥青混合料的车辙试验结果对比如表 4-1 所示。

表 4-1 不同沥青混合料的车辙试验结果

沥青混合料类型	电气石掺量/%	动稳定度/（次/m）
基质沥青混合料	—	1 445
基质沥青+325 目电气石粉	17	2 324
SBS 改性沥青混合料	—	8 290
325 目电气石粉+SBS 改性沥青混合料	14	10 625
	17	9 075
	20	12 708
5000ions 电气石负离子粉+SBS 改性沥青混合料	14	10 526
	17	8 985
	20	12 039

由表 4-1 可知，基质沥青混合料与 SBS 改性沥青混合料在与电气石粉混合后，动稳定次数能够提升 30%~50%，有效提升高温稳定性。

2. 低温性能

低碳多功能电气石改性沥青混合料与其他类型沥青混合料的 –10℃ 低温小梁弯曲试验结果对比如表 4-2 所示，其能够在一定程度上提升抗弯拉强度-10℃条件下的抗弯拉强度、破坏应变、劲度模量及劈裂应变能。

表4-2 不同沥青混合料的-10℃低温小梁弯曲试验结果

沥青混合料类型	电气石掺量/%	抗弯拉强度R_B/MPa	破坏应变	劲度模量S_B/MPa	劈裂应变能/(kJ/m³)
SBS改性沥青混合料	—	11.98	2 631.8	4 551.97	31 529.20
325目电气石粉+SBS改性沥青混合料	14	12.42	2 605.9	4 766.11	32 365.28
	17	12.56	2 626.8	4 793.34	32 992.61
	20	13.29	2 764.9	4 909.08	36 745.52
5000ions电气石负离子粉+SBS改性沥青混合料	14	13.41	2 936.0	4 567.40	39 372.03
	17	12.66	2 767.1	4 825.75	35 031.49
	20	12.48	2 767.8	4 508.99	34 542.14

3. 水稳定性能

不同沥青混合料的浸水马歇尔试验结果如表4-3所示。可见低碳多功能电气石能够有效提升沥青混合料的残留稳定度。

表4-3 不同沥青混合料的浸水马歇尔试验结果

沥青混合料类型	电气石掺量/%	M_{S1}/kN	M_{S2}/kN	M_S/%
基质沥青		8.72	7.73	88.65
325目电气石改性沥青混合料	17	9.85	9.14	93.10
SBS改性沥青混合料		10.52	9.58	91.07
325目电气石粉+SBS改性沥青混合料	14	12.98	12.18	93.84
	17	13.09	12.85	98.17
	20	13.15	12.99	98.78
5000ions电气石负离子粉+SBS改性沥青混合料	14	12.95	12.30	94.98
	17	12.98	12.56	96.76
	20	13.14	12.93	98.40

注:M_{S1}为稳定度,M_{S2}为浸水48h稳定度,M_S残留稳定度值为M_{S2}/M_{S1}。

4. 阻燃抑烟性能

电气石改性沥青混合料与 SBS 改性沥青混合料的马歇尔试件燃烧状态对比见图 4-7 所示。二者的车辙板试件燃烧状态对比则见图 4-8 所示。可见，阻燃抑烟性能从高到低排序为：电气石负离子粉试件 > 电气石粉试件 > SBS 改性沥青试件。

图 4-7 电气石改性沥青混合料与 SBS 改性沥青混合料
马歇尔试件燃烧对比

（从左到右依次为电气石负离子粉试件、45 μm 电气石粉试件、SBS 试件）

图 4-8 电气石改性沥青混合料与 SBS 改性沥青混合料
车辙板试件燃烧对比

（从左到右分别为 SBS 试件、电气石负离子粉试件）

◆ **推广前景**

该技术具有热拌减排、阻燃抑烟及净化尾气等功能,在一定程度上减少了碳排放,符合当前国家"碳中和、碳达峰"的理念,具有很好的推广前景。

4.3 排水降噪沥青路面技术

透水沥青混凝土是以沥青为胶结料,掺配高质量同粒径或间断级配骨料所组成的具有一定空隙率(压实后空隙率为18%~22%)的混合材料,其透水效果如图4-9(a)所示。用其制成的路面[图4-9(b)]具有排水、抗滑、吸声、降噪、渗水等效果,可改善地表生态循环,也有利于行车交通安全。

(a)透水效果　　　　(b)透水沥青路面面层

图4-9　透水沥青路面

该技术是将流入路面的雨水先吸收至其结构内部,然后经排水通道向路面低侧排除,保证路面在雨天具良好的抗滑性能,提高行车安全性。

排水降噪沥青路面铺装与普通路面铺装对比如图4-10所示。

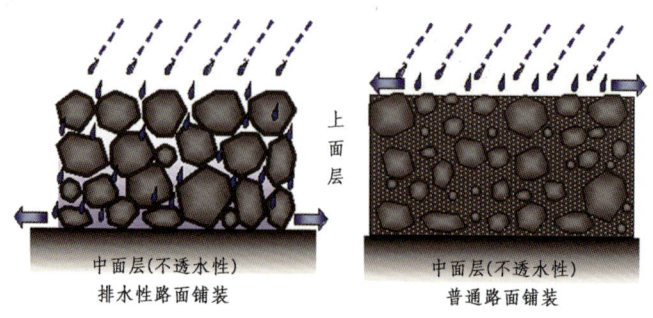

图4-10　排水降噪沥青路面铺装与普通路面铺装对比

4 智能环保路面

以上两种沥青混合料的典型原材料组成对比如图 4-11 所示。

排水降噪沥青混合料组成

| 粗骨料 80% | 细骨料 10% | 矿粉 5% | 沥青 5% |

密级配沥青混合料组成(AC-13)

| 粗骨料 55% | 细骨料 34% | 矿粉 5% | 沥青 6% |

图 4-11 排水降噪沥青混合料与密级配沥青混合料（AC-13）组成的对比

对于透水性铺装，按照最终排出水分的层位不同，主要分为 3 类，详见图 4-12 所示。

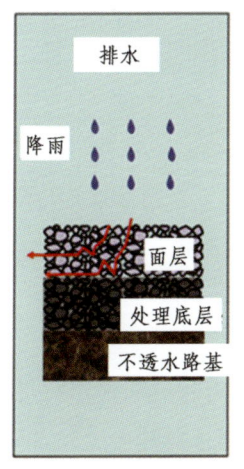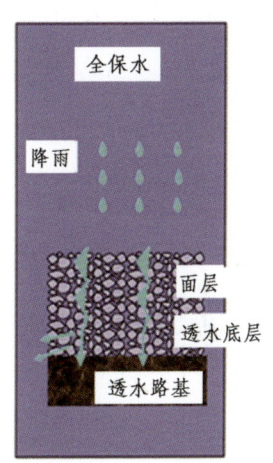

(a)雨水经沥青底基面直接排出　　(b)雨水经不透水路基直接排出　　(c)雨水在铺设体内暂时驻留使其渗入路基

图 4-12　3 类透水性铺装

排水降噪沥青路面铺装排水效果如图 4-13 所示。

图 4-13　排水降噪沥青路面铺装排水效果

排水降噪沥青路面与普通沥青路面的降噪效果对比如图 4-14 所示。

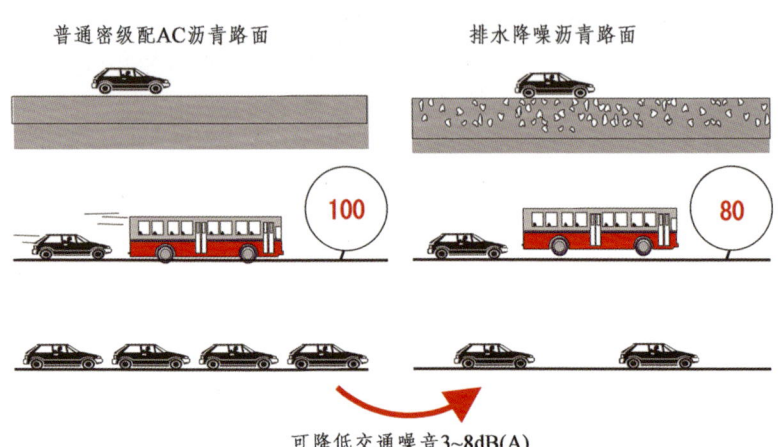

4 智能环保路面

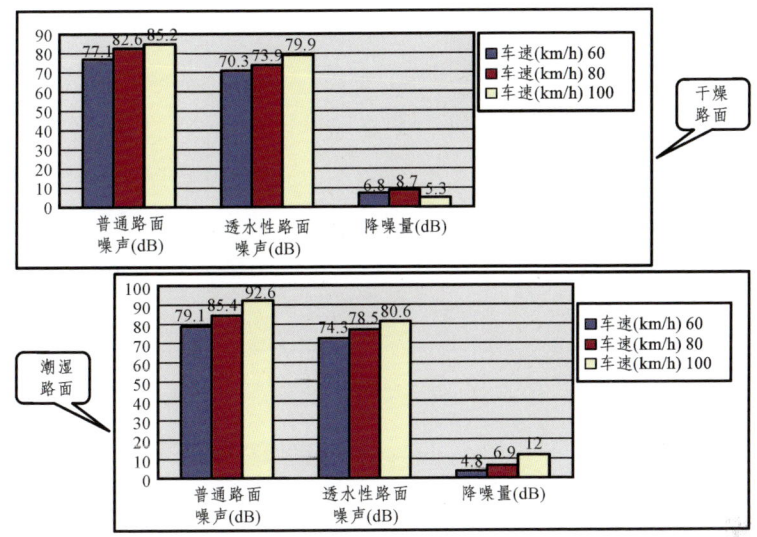

图 4-14　排水降噪沥青路面与普通沥青路面的降噪效果对比

由图 4-14 可见，排水降噪沥青路面能够降低噪声 3~8 dB（A），不管是对于潮湿的环境还是干燥的路面环境，各种车速下排水降噪沥青路面均具有优良的降噪效果。

◆ **推广前景**

排水降噪沥青路面已经成为我国未来道路工程革新方向，是提升道路安全功能和服务品质的主要趋势，同时切合交通运输部绿色与资源循环公路的设计理念。

4.4　路面热反射技术

为改善沥青路面夏季高温稳定性，减少车辙的形成，缓解城市热岛效应，将一种新型热反射涂层涂布于沥青路面表面，如图 4-15 所示。涂层由反射功能型材料、隔热功能型材料、黏结剂、抗滑颗粒、调色颜料及添加剂组成，降温效果最高可达 9 ℃。

图 4-15　沥青路面热反射涂层

热反射涂层的涂布可分为单层或者多层,它们的太阳辐射反射原理如图 4-16 所示。

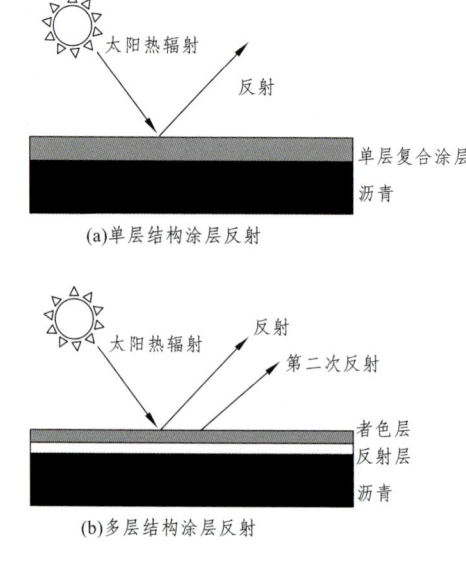

图 4-16　单层及多层结构涂层太阳辐射反射原理示意

◆ 推广前景

该技术能够应对由夏季太阳高强度辐射作用以及城市热岛效应引起的沥青路面车辙问题,起到给道路降温的作用,降低夏季高温道路的危害。

4.5 沥青路面调温相变材料

沥青路面调温相变材料是一种应用潜力巨大的"智能型"潜热储能材料。通过相变材料相态的改变进行能量的储存和释放，实现主动式智能化的调节路面温度，从而有效改善高低温条件下的车辙、变形、冻裂等道路病害，提高其环境适应性。相变调温剂为白色颗粒，如图4-17所示，掺加不同掺量相变调温剂的沥青如图4-18所示。

图 4-17 相变调温剂

图 4-18 不同相变调温剂掺量的沥青

道路工程相变调温剂的调温原理在于：调温剂材料在白天温度较高时会吸收并储存部分热能，在晚上则会释放热量以起到调温道路周围温度场的效果，降低低温脆点，调温原理如图4-19所示。对于高温区域，则可降低道路路面的峰值温度，并延缓路面升温速度，提高软化点。

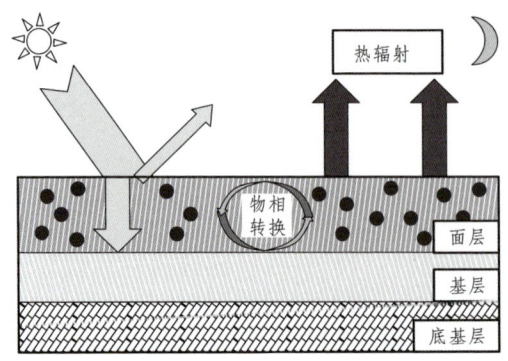

图 4-19　调温原理示意

　　研究者采用红外热像仪分别对夏季、冬季环境下普通路段和添加相变调温剂材料路段的温度进行了监控，结果如图 4-20～图 4-24 所示。其中颜色越红，代表温度越高；颜色越绿，则代表温度越低。

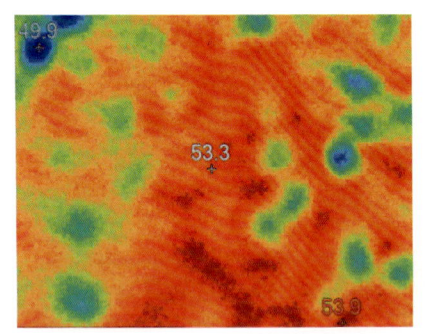 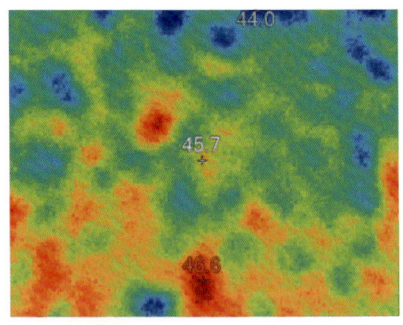

图 4-20　夏季普通路面红外热成像　　图 4-21　夏季相变材料路面红外热成像

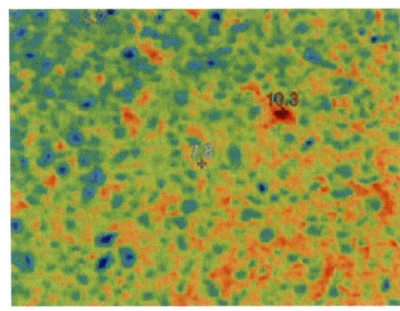 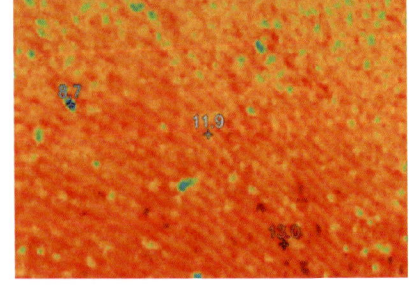

图 4-22　冬季普通路面红外热成像　　图 4-23　冬季相变材料路面红外热成像

4 智能环保路面

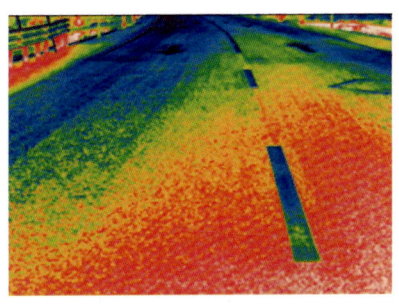

图 4-24 冬季路面整体温度对比（远处为普通路段，近处为相变材料路段）

由图 4-20 和图 4-21 可见，夏季添加道路调温相变材料的路面温度比普通路面低 7℃ 左右。同时，由图 4-22~图 4-24 可知，添加调温相变材料的路段路面温度明显高于普通路段，前者比后者路表温度约高 4.5℃，调温效果优良。

其次，对冬季某一天进行了全时段的温度监测，测试结果见图 4-25，可见掺加相变材料的路段温度比普通路段路面温度高 2.5~7.2 ℃，有利于冬季融雪化冰，防止低温开裂。

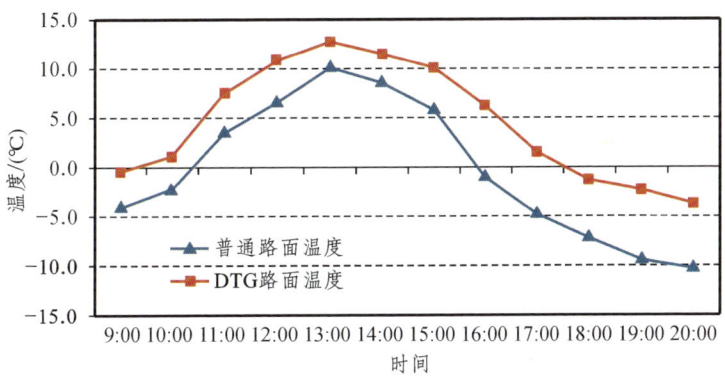

图 4-25 冬季全时段路面温度监测

◆ 推广前景

掺加相变调温剂的自调温沥青混合料从本质上提高了沥青路面抗霜冻、融薄雪的性能，避免路面冬季变脆、冻胀裂缝的产生，延长公路使用寿命，推广应用前景广阔。

4.6 路面融雪化冰技术

当路面有冰雪存在时，车辆轮胎与路面的附着系数将会降低60%~75%，导致车辆打滑、偏移、制动距离延长等，甚至导致刹车失灵、方向失控，造成严重的交通事故。此外，路面积雪层的存在会覆盖道路标志标线，影响行车视线与安全，如图4-26所示。因此，融雪化冰技术应运而生，通过路面的特殊功能来融雪化冰。

（a）积雪路段　　　　　　　　（b）结冰路段

图 4-26　路面冰雪影响正常行车

目前国内外已有路面融雪化冰技术及方法分类如图4-27所示，包括被动式和主动式融雪化冰两大类。

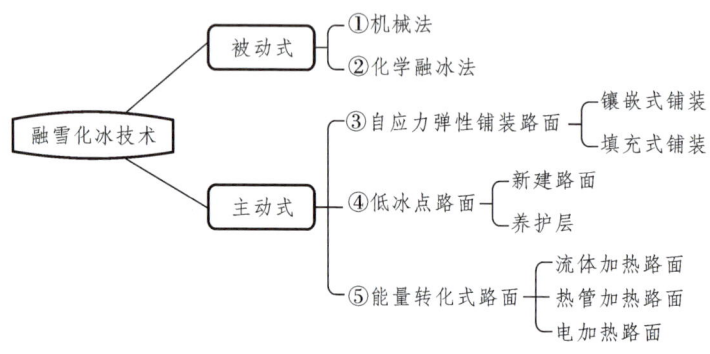

图 4-27　融雪化冰技术分类

被动式融雪化冰技术包括人工除雪、撒除冰盐及机械除冰化雪等方法，如图4-28所示。

4 智能环保路面

（a）人工除雪　　　　　　　（b）撒除冰盐

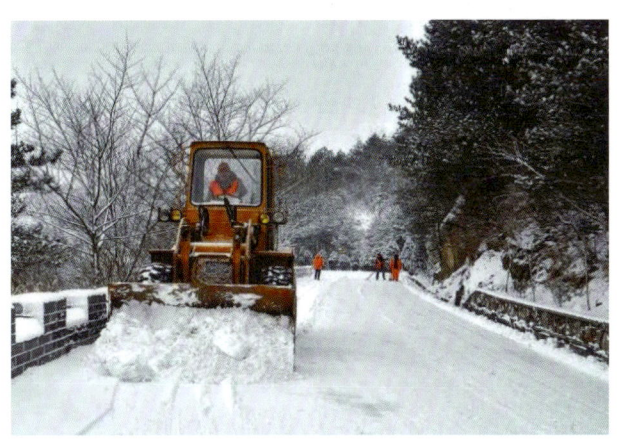

（c）机械除冰化雪

图 4-28　被动式融雪化冰技术

主动式融雪化冰技术是通过改变传统路面的材料组成及结构设计，使得路面在降雪过程中不用借助外部作用，即可主动完成融雪化冰，使路面自身具备融雪化冰功能。主要包括以下类型：

1. 自应力弹性铺装路面

该技术是指在路面材料内添加一定的弹性材料，通过弹性材料的高变形特性使得路面冰雪层在车辆荷载作用下受力不均匀而破碎融化，从而有效抑制路面积雪结冰，其材料内部结构如图 4-29 所示。

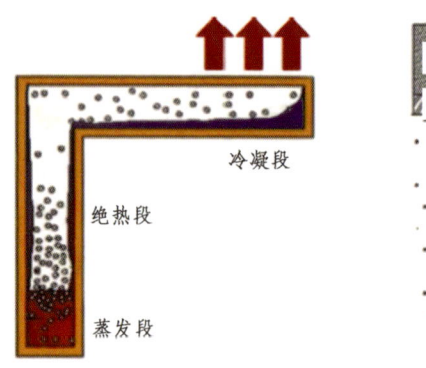
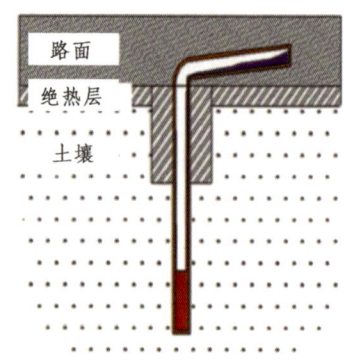

图 4-33　热管加热路面融雪系统

（3）电加热路面是利用外部电能通过电热转换的方式提高路面温度，实现路面融雪化冰，根据路面内部发热元件的不同主要分为电缆加热路面和导电混凝土路面，原理详见图 4-34。

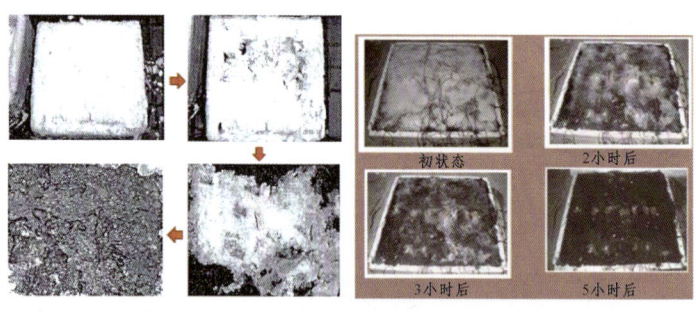

（a）加石墨的导电混凝土　　（b）加发热电缆的混凝土

图 4-34　电加热路面

4. 微波除冰技术

电磁波吸收材料在微波照射下发热，引起路表温度升高，融化路面与冰层之间的冻黏界面。随后，微波同时加热吸波材料和水分，升温速率加快，冻黏界面完全融化。然后，利用除冰车的碎冰装置将冰层破碎，最后使用收集装置去除路面冰层。微波除冰工作原理如图 4-35 所示。

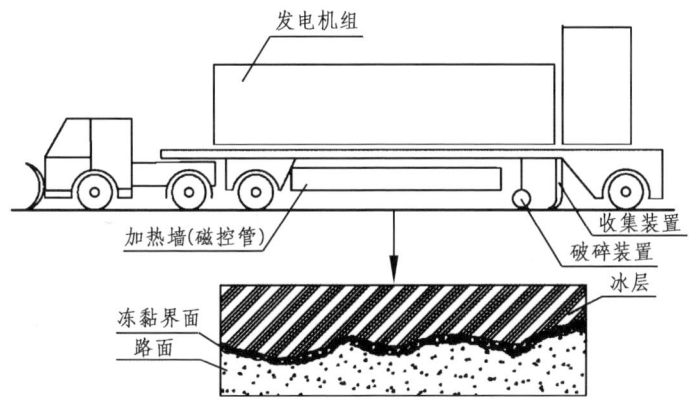

图 4-35 微波除冰工作原理

电波吸收材料包括碳纤维、碳纤维乳化沥青砂浆加热带、磁铁矿石、羟基铁粉、钢纤维或钢棉等。

5. 涂层型路面除冰雪技术

在低温雨雪天气条件下,涂层自动融化路面积雪,阻断水与路面裸露石料中 $CaCO_3$、SiO_2 等形成氢键,抑制路面冰层的形成,达到小雪自消融、大雪不结冰的效果。涂层型除冰雪路面如图 4-36 所示。

图 4-36 涂层型融雪化冰路面(已融雪)

6. 蓄盐沥青路面

在化学与力学耦合作用下，嵌锁在沥青路面结构内部的融雪成分溶解、迁移、扩散至路表，降低路表水溶液冰点，延迟路表冰雪覆盖。

蓄盐沥青路面的融雪抑冰工作原理如图 4-37 所示。

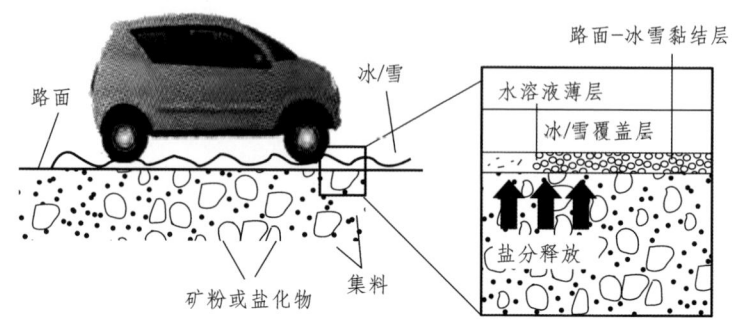

图 4-37 蓄盐沥青路面的融雪抑冰工作原理

◆ 推广前景

我国 80%道路位于冰雪影响区，传统方法或多或少占用了交通通行资源，影响道路服务水平，而物理除雪又会破坏路面平整性，污染环境。因此，道路主动融雪除冰技术被广泛关注，拥有很好的推广前景。

5 先进路面材料

5.1 路面自愈合技术

路面自愈合技术是将路面材料产生的裂缝部分或全部愈合,使其在一定程度上恢复路用性能的技术。该技术为基体微裂缝的修复和有效延缓潜在危害提供了新方法,免去了人工监测和外部修补所需的高额费用,并可以与其他功能型路面相结合,获得持久耐用的长寿命路面。路面自愈合技术包括水泥混凝土路面自愈合技术与沥青路面自愈合技术。

1. 水泥混凝土路面自愈合技术

水泥混凝土路面自愈合技术包括以下 3 种类型:

(1) 微生物自愈合。

用硅胶、聚氨酯或者多孔的黏土颗粒来封装活性微生物细菌和其生长所需原料,在搅拌初期加入水泥混凝土中。当裂纹出现时,载体在适宜条件下破裂,活性微生物在水泥基材料环境下进行新陈代谢,产生方解石($CaCO_3$)沉淀,达到裂纹愈合目的。多孔黏土颗粒如图 5-1 所示。

图 5-1 多孔黏土颗粒

微生物促进水泥混凝土材料的自愈合效果如图 5-2 所示。可见材料原有裂纹发生愈合。

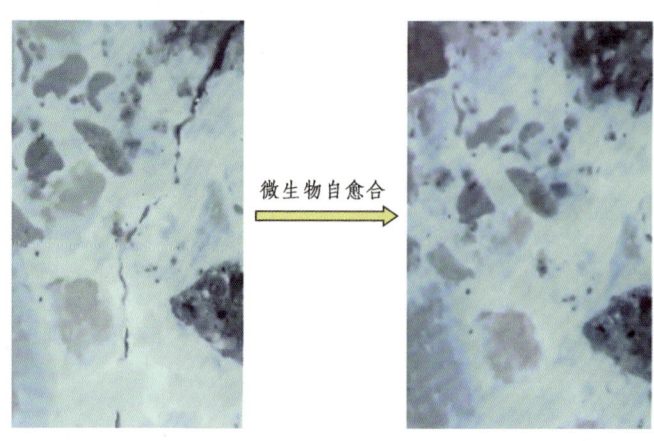

图 5-2 微生物自愈合效果图

（2）纤维胶液管自愈合。

根据人体伤口由"破裂—流血—凝结—愈合"过程，在水泥混凝土中沿受拉方向分层布置一些注有高分子修复胶黏剂的纤维管，作为愈合管道，使胶黏剂在混凝土中长期保持性能稳定。玻璃纤维管自愈合水泥混凝土示意图如图 5-3 所示，玻璃纤维管载体见图 5-4。

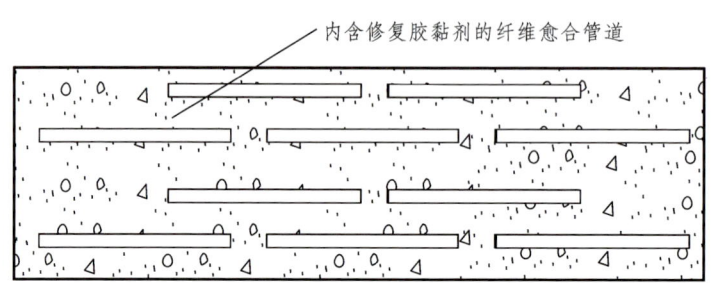

图 5-3 玻璃纤维管自愈合水泥混凝土示意

5　先进路面材料

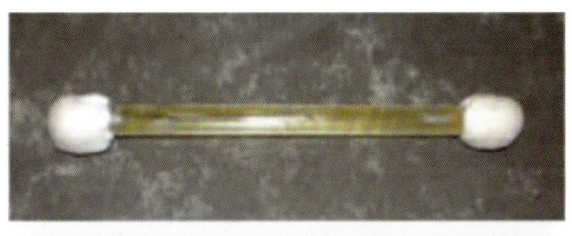

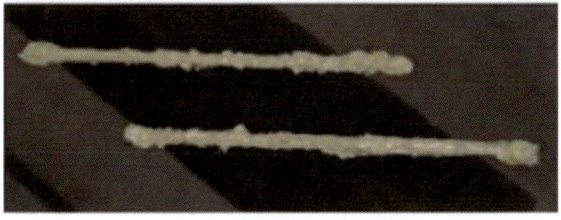

图 5-4　玻璃纤维管载体

玻璃纤维管自愈合水泥混凝土的裂缝修复效果如图 5-5 所示，可见水泥混凝土的裂纹得到了有效愈合。

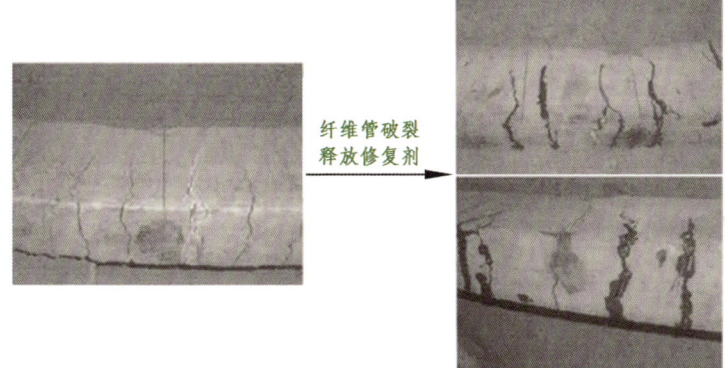

图 5-5　双组分环氧树脂纤维胶液管自愈合修复

（3）微胶囊自愈合。

将修复剂封装到微胶囊中，拌和时均匀分散，当水泥混凝土发生裂缝，微胶囊破裂释放修复剂，修复剂遇到催化剂后发生聚合反应进而胶结裂纹面，其修复原理如图 5-6 所示。

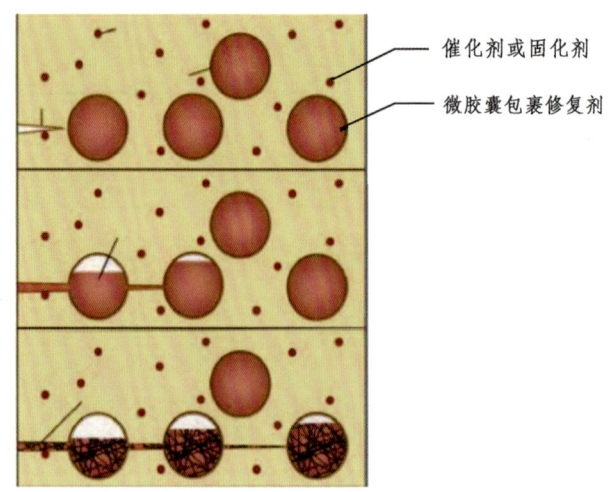

图 5-6 聚合物材料微胶囊法自愈合

2. 沥青路面自愈合技术

沥青路面自愈合技术主要包括以下几种类型：

（1）电磁感应加热技术。

电磁感应加热是使导电纤维因磁力感应而生热的加热方式，纤维直接对沥青传热，效率高且环保节能，其加热示意如图 5-7 所示，内部导电纤维分布如图 5-8 所示。沥青混合料电磁感应加热自愈合原理如图 5-9 所示，其分为感应加热、沥青熔化阶段及裂缝愈合 3 个阶段。该技术可有效地对路面裂缝、松散等病害进行修复，且不破坏沥青混凝土的结构形式。

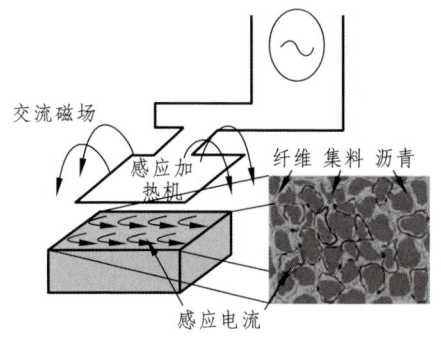

图 5-7 沥青混合料感应加热示意

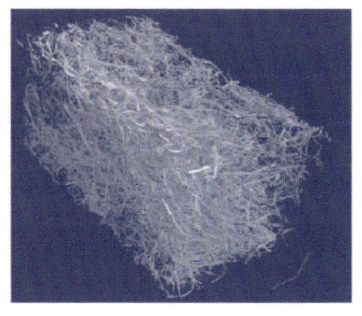

图 5-8 导电纤维分布 CT 图

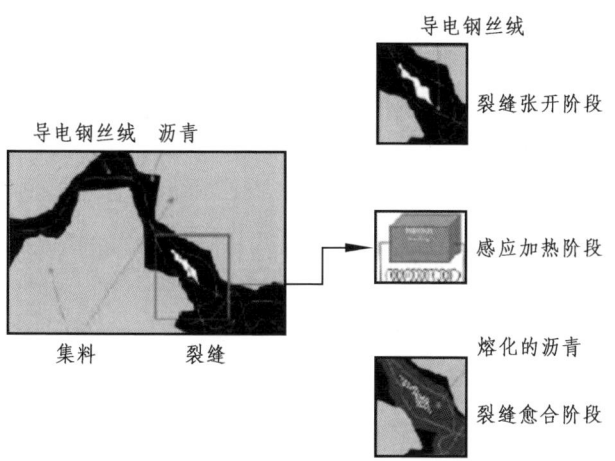

图 5-9 电磁感应加热裂缝自愈合技术示意

（2）微胶囊技术。

将包裹再生剂的微胶囊掺加到沥青混合料中，当沥青混合料产生裂纹时，裂纹蔓延致使微胶囊囊壁破损，再生剂流出并渗入到裂缝中，促使裂缝周围沥青软化，加快裂缝愈合速度。微胶囊如图 5-10 所示。

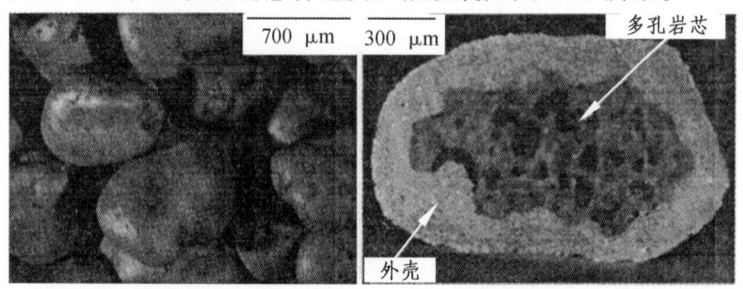

图 5-10 微胶囊（由再生剂、多孔砂、环氧树脂、水泥制成）

◆ **推广前景**

路面自愈合技术具备对环境的友好性，能源利用的高效性，与路面材料良好的相容性，可提高路面性能等特征，以此可获得持久耐用的长寿命路面，具有很好的推广前景。

5.2 高性能聚氨酯透水路面

聚氨酯基透水路面是一种新型透水路面,由聚氨酯材料和特殊的彩色碎石黏结形成极其坚固稳定的开放空隙结构,其路面结构及工程如图5-11、图5-12所示,其具有抗冻融、色彩多样、耐候性好、施工维护简单等优势。该路面比传统透水材料透水率提高了3倍,可长期在-40~100℃的环境中正常使用,是建设海绵城市最理想的路面景观铺装材料,适用于交叉路口、人行道、停车场、景观、透水性道路的铺设。

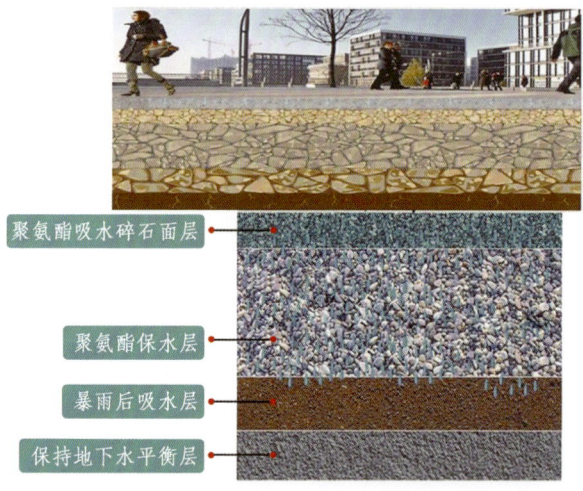

图5-11 聚氨酯透水路面结构示意

图5-12 聚氨酯透水路面工程

透水沥青路面与聚氨酯基透水路面相比,施工复杂,需使用摊铺机等大型机械，且施工温度要求大于 145 ℃，会产生污染。其次，沥青路面会吸收大量紫外线，形成热岛效应，且大空隙透水沥青混合料的强度较低，不能用于交叉路口等特殊路段。

水泥混凝土透水路面与聚氨酯基透水路面相比：早期成本低；但不美观，透水性能下降较快，空隙大，水分散失较快；养护要求高；易掉色。

◆ 推广前景

透水路面铺装是海绵城市道路建设的重要组成部分，由高性能聚氨酯透水混合料构筑的环境友好型透水路面铺装具有出色的力学性能和功能特性，在透水路面铺装方面具有更广阔的应用前景。

5.3 短切玄武岩纤维增强沥青混合料

玄武岩纤维属矿物纤维，具有力学性能优良、工作温度范围大、化学性质稳定等优点，将其加入沥青胶浆后能够释放界面的集中应力，减少浆体在循环载荷下的疲劳损伤，提升抗剪切性、抗车辙性及劲度模量，并起到增黏稳定、加筋桥接、阻裂等作用，有效延缓路面早期病害，延长路面使用寿命。

玄武岩纤维如图 5-13 所示，玄武岩纤维与沥青之间的接触状态微观形貌如图 5-14 所示，纤维和沥青之间具有较大的接触角，黏结性较好。图 5-15 是玄武岩纤维沥青混合料抗弯拉试验的断裂面微观形貌，即便混合料发生了断裂，但纤维尚未断裂，起到一定加筋阻裂作用。

 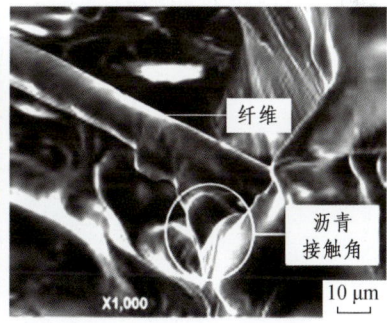

图 5-13　玄武岩纤维　　图 5-14　玄武岩纤维与沥青接触面

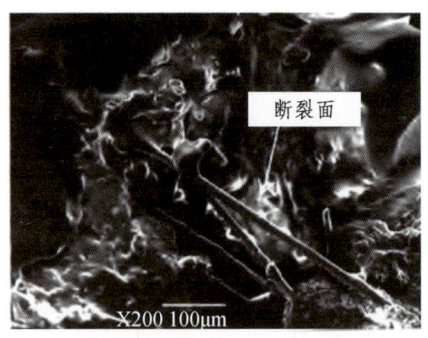

图 5-15　玄武岩纤维沥青混合料断裂面

在工程中,玄武岩纤维的添加可采用人工添加或自动纤维投料机添加,后者如图 5-16 所示。

（a）投料过程　　　　　　　　　（b）待投玄武岩纤维

图 5-16　自动纤维投料机

玄武岩纤维沥青路面的铺筑过程及效果详见图 5-17~图 5-19 所示,该路面表面平整、均匀,现场钻芯芯样级配优良。

图 5-17　摊铺过程　　　　　　　图 5-18　铺筑效果

图 5-19 钻芯取样

◆ **推广前景**

玄武岩纤维与沥青、集料有较好的亲和力,能够显著提高沥青混合料高、温稳定性、水稳定性、低温抗裂性能、断裂能和疲劳性能。同时,其绿色环保,对环境无污染,不影响沥青材料的再生利用。另外,与其他沥青混合料施工工艺相似,施工简单方便,具有良好的推广前景。

5.4 高模量沥青混合料技术

高模量沥青混合料技术是通过高模量沥青提高沥青混凝土的模量,减少车辆荷载作用下沥青混凝土产生的塑性变形,提高路面高温抗车辙能力,改善沥青混凝土抗疲劳性能。高模量沥青混合料可以通过使用硬质沥青、添加高熔点天然沥青及添加高模量外掺剂 3 种方式获得。

高模量沥青混合料的使用现状如表 5-1 所示。

表 5-1 高模量沥青混合料使用现状

道路交通现状	待解决问题	解决方法
公路运输交通量急剧增加	提高面层材料的力学性能	使用高模量沥青混合料
超载、重载现象严重	沥青层具备良好的抗疲劳性能	
路面结构损坏加剧	沥青层具备良好的抗高温变形能力	
旧路翻修工程中路面标高受到诸多限制	在保证道路整体承载能力的同时降低路面结构层厚度	

高模量沥青混合料的典型应用工程之一为河南扶项高速公路，其高模量沥青混合料（HMAC）试验段与普通沥青对比段的路面结构如图 5-20 所示，高模量沥青混合料应用层位为中面层。

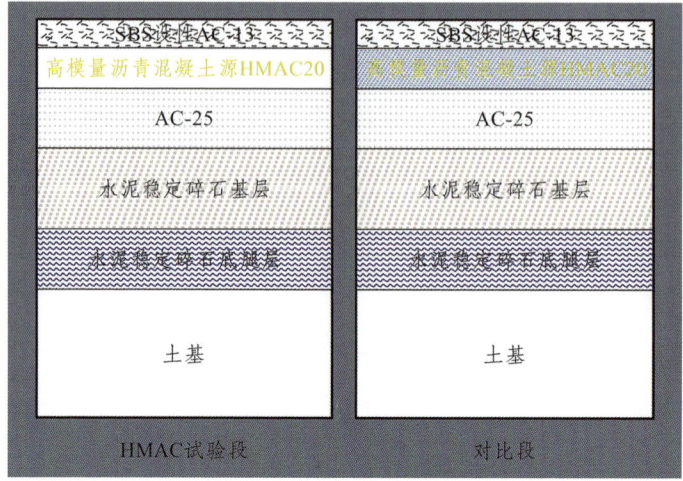

图 5-20　高模量沥青路面与普通沥青路面结构对比

高模量沥青路面与普通沥青路面弯沉及回弹模量对比如表 5-2 所示。其中弯沉能够减少约 40%，回弹模量增约 65%。

表 5-2　弯沉及回弹模量对比

路段类型	弯沉/mm	反算回弹模量/MPa
高模量沥青混合料路段 （中面层采用高模量沥青混合料）	2.76	3 607.4
普通路段 （中面层采用 SBS 改性沥青混合料）	4.58	2 173.6

◆ 推广前景

高模量沥青混合料可适用于高速公路新建或养护工程的中、下面层，尤其适用于水泥混凝土桥面铺装，可以综合提高抗车辙和防水性能。目前已在江苏省江广高速、宁通高速广九段、宁高新通道特大混凝土桥、溧阳上上线等工程中得以应用，累计规模超过 100km，取得了良好的应用效果。

5.5 温拌沥青混合料技术

温拌沥青混合料技术是指使用特定技术或添加剂,使沥青混合料的拌和与施工温度介于热拌沥青混合料与冷拌沥青混合料之间(比热拌低30~60℃),性能又能达到热拌沥青混合料的一种新型沥青混合料技术,具有减少污染物排放量、减少沥青老化、降低生产成本、延长施工季节、延长拌和设备使用寿命、开放交通快等诸多优势。

温拌沥青混合料技术分类如图 5-21 所示。

图 5-21 温拌技术分类

国内外常用的温拌技术如表 5-3 所示,对发泡技术、有机降黏、化学添加剂均有涉及。

表 5-3 国内外常用的温拌技术

温拌技术	Aspha-min	Sasobit	Evotherm
性能特点	硅铝酸盐类沸石;含有20%的结合水;HMA用量的0.3%	熔点约为100℃,在超过115℃时,能完全溶解于沥青,低于熔点,它以晶格的形式存在于混合料中	高浓度的乳化沥青(固含量约为70%)替代普通热沥青进行混合料
温拌类型	发泡技术	有机降黏	化学技术
生产国家	德国	南非	美国

常用的温拌沥青混合料发泡技术主要包括 WAM-Foam、Double barrel green、Advera®WMA 三 3 种，具体如下：

1. WAM-Foam（发泡技术）

将矿料与加热到 100~120℃ 的软沥青充分拌和，使软沥青完全裹覆矿料表面；再将一定量冷水注入热的硬沥青中，产生的蒸汽使硬沥青迅速发泡，黏度显著降低，然后将泡沫化的硬沥青喷入经软沥青裹覆的矿料中进行拌和即完成，比热拌低 30~60℃。WAM-Foam 温拌设备如图 5-22 所示。

图 5-22　WAM-Foam 温拌设备

该法可将拌合温度降低至 100~120℃，摊铺碾压温度降低至 80~90℃，可节约 30% 的能耗，减少 30% 的 CO_2 和 50%~60% 的灰尘排放。

2. Double barrel green（发泡技术）

水通过多个喷嘴注入沥青胶结料中，加水量为沥青用量的 2%，性能可与热拌相匹配，增黏效果优良，沥青裹覆厚度较厚。Double barrel green 温拌设备及原理如图 5-23 所示。

5 先进路面材料

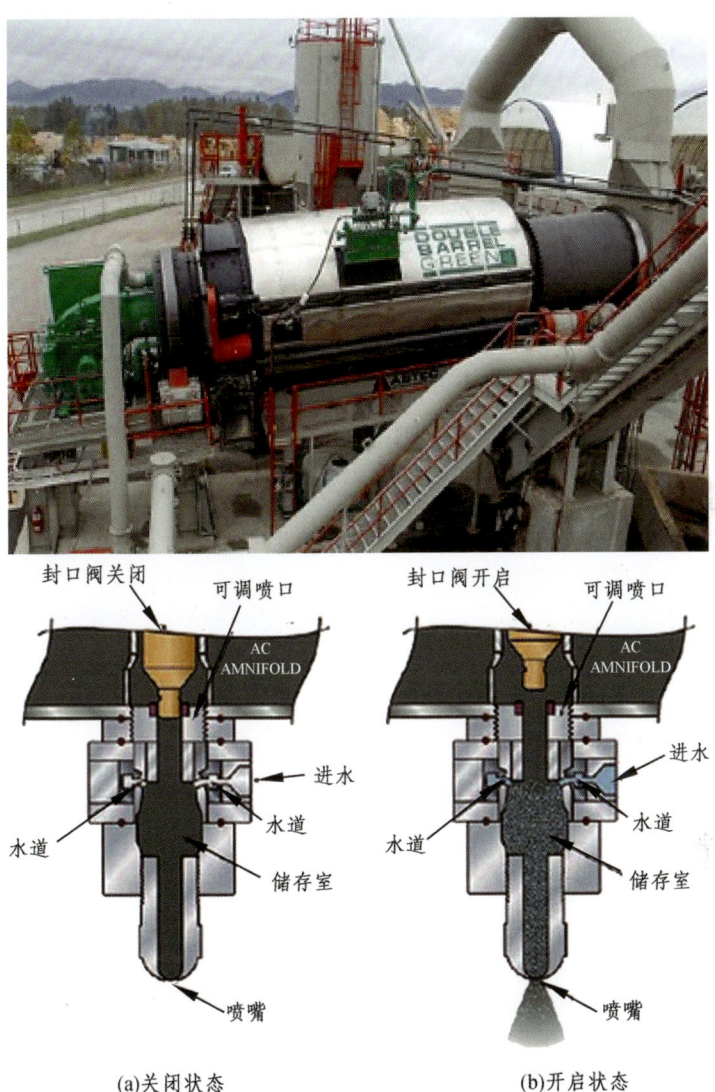

(a)关闭状态　　　　　　　　　　(b)开启状态

图 5-23　Double barrel green 温拌设备及原理

其沥青裹覆厚度远大于热拌沥青混合料，裹覆效果优良。二者之间的沥青裹覆厚度对比如图 5-24 所示。

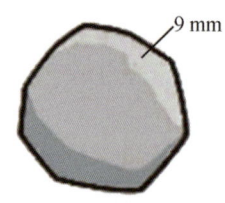 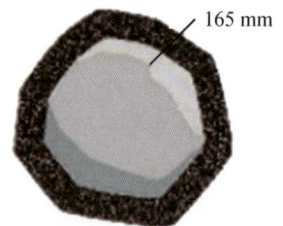

图 5-24 与热拌沥青混合料的沥青裹覆厚度对比

3. Advera®WMA（发泡技术）

Advera®WMA 是一种人工合成的硅铝酸盐沸石（图 5-25），可吸收 18%~21% 的结合水，加热到 100℃水分开始挥发，推荐用量为混合料的 0.25%。

图 5-25 硅铝酸盐沸石

◆ **推广前景**

温拌沥青混合料技术既克服了热拌沥青混凝土在能耗、环保方面的不足，又保持了热拌沥青混凝土的良好路用性能，而且还可改善沥青性能老化、节省能耗、减少污染排放、延长路面施工的有效作业期。

5.6　高性能 SBS 改性乳化沥青黏层材料制备技术

层间结合质量是影响沥青路面使用寿命的重要因素。SBS 改性乳化沥青或普通乳化沥青在高温、超载、纵坡等不利情况下无法保障沥青路面层间具有良好的黏结力，使得有些沥青路面在通车后不久就会发生拥包、推挤、层间滑移等破坏，严重破坏路面的整体性和结构受力。

SBS 具有良好的弹性和高低温性能，以此制成的高性能 SBS 改性乳化沥青黏层材料性能优越，成膜性、黏附性强，具有很好的应用前景。

高性能 SBS 改性乳化沥青黏层材料的制备工艺为先改性再乳化，工艺流程如图 5-26 所示。

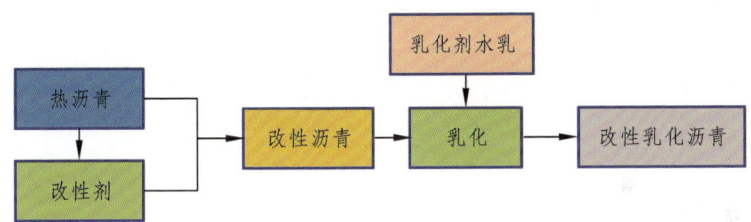

图 5-26　先改性再乳化的工艺流程

改性工艺：将基质沥青加热至 175℃，加入 SBS，打开剪切机，剪切 40 min，期间控制沥青温度 175℃左右，不超过 182℃，调节转速为 4 000 r/min，加入稳定剂，继续剪切 10min，待用。

乳化工艺：将改性沥青加热至 170℃，保温待用；再将水加热至 70℃，配制皂液，并调整 pH 至所需，保温待用；将两种都加热至所需温度，边混合边搅拌，再在乳化机中乳化 1~2min 即可。

高性能 SBS 改性乳化沥青黏层材料层间黏结性能通常采用多功能道路层间力测试系统进行测试（图 5-27），测定不同环境下的层间剪切、拉拔强度。

图 5-27　多功能道路层间力测试系统

洒布高性能 SBS 改性乳化沥青黏层材料的双层车辙板如图 5-28 所示。

图 5-28　洒布黏层油的双层车辙板

高性能 SBS 乳化沥青黏层材料已分别在京台高速小西至方兴大道段扩建工程和国道 108 渭南至大荔一级公路改建工程中应用（用于上、中面层之间），现场芯样抗剪切性优良，使用 2 年后没有裂缝产生。该技术可操作性强、施工方便、性能优越，可直接利用现有乳化沥青洒布车进行洒布，洒布示意图及实际工程见如图 5-29、图 5-30 所示。

5 先进路面材料

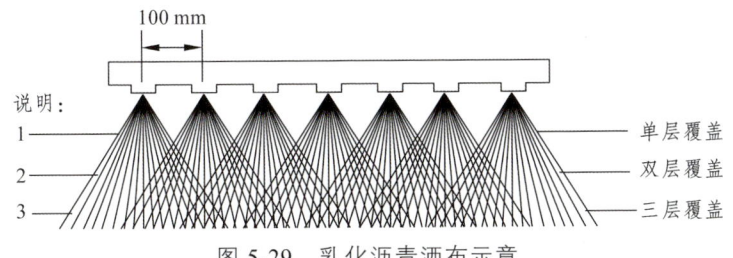

图 5-29 乳化沥青洒布示意

图 5-30 乳化沥青洒布过程

◆ **推广前景**

该技术可操作性强、施工方便、性能优越，无需购置外加设备，可直接利用现有乳化沥青洒布车进行使用，制备方法易于掌握，无特殊工艺要求，利于工程实用，且成果价格低廉、性能优越，具有显著的经济效益。

5.7 高吸水性聚合物（SAP）内养护混凝土抗裂及耐久性提升技术

水泥混凝土在成型期产生的早期收缩微裂缝等非荷载型裂缝，是导致后续抗裂、耐久性劣化的根本原因之一。目前主要通过传统表面养护、添加外加剂等方式缓解早期收缩开裂，但分别存在养护水分渗入程度不足、与减水剂配伍性不足等弊端。

高吸水性聚合物内养护剂能够预先吸水,并在水泥浆体内部湿度下降时及时将所蓄水分释放至基体中补充水化所需水分,解决常规手段对早期减缩防裂效果不佳的难题。其与传统养护的释水原理对比如图 5-31 所示。

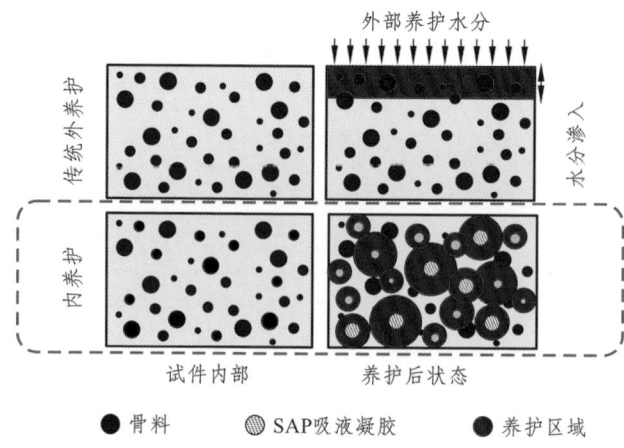

图 5-31 内养护与传统养护方式对比

由图 5-31 可知,传统养护水分无法彻底浸润水泥混凝土内部,而内养护技术能够通过吸水凝胶全方位、多角度释放水分,抑制水泥基材料自收缩、干缩微裂纹的产生,并进一步促进水化,有利于提升水泥混凝土耐久性。

干燥 SAP 与吸水后的 SAP 分别见图 5-31 和图 5-32。

图 5-31 干燥 SAP　　图 5-32 SAP 吸水凝胶

2018年在广东汕湛高速惠清段探塘大桥、联溪大桥、南昆山特长隧道进行了实体工程建设，分别用于桥面整体化层、横隔板、湿接缝以及隧道二衬，抗裂效果优良，如图5-33～图5-36所示。

图 5-33　桥面整体化层　　　　图 5-34　横隔板

图 5-35　桥梁湿接缝　　　　　图 5-36　隧道二衬

同年，于广西崇左高速高澎分离式立交桥、弄村桥及崇瑞高速建设了实体工程，分别用于桥墩、桥面及涵洞顶面，包括C30、C40、和C50三个强度等级的水泥混凝土构造物，抗裂效果优良，如图5-37、图5-38所示。

图 5-37　桥墩　　　　　　图 5-38　涵洞顶面

◆ **推广前景**

　　SAP 内养护材料能够使混凝土的抗裂性至少提升 50%，耐久性提升 20% 以上，能够有效延长使用寿命，减少维修次数。经计算，在公路工程混凝土全寿命周期内至少节省材料成本 19.13%，具有良好的推广前景。

5.8 自发光路面

　　自发光路面是一种智慧功能型路面，其采用路面内置发光器件或掺杂自发光材料使道路自主发光，能够在不增加能耗的前提下有效改善夜间路面的能见度，消除路灯造成的光照不均匀及眩光等问题，改变了传统公路只针对车辆起到反光的功能，解决了对行人保护不足的一大问题。其主要包括两种类型：

1. 长余辉稀土自发光路面

　　长余辉稀土自发光路面是将稀土发光材料掺入路面中，或将其以涂层的形式涂抹在路表的兼具安全、美观、节能等诸多特点的新型功能道面，如图 5-39 所示。

　　该路面可以在较暗的环境中呈现出明亮而持久的余辉，能见度范围更广，不但适用于道路交通，还可以铺设于景区、城市步道和广场。

5　先进路面材料

图 5-39　长余辉稀土自发光路面

2. 新型智能蓄能自发光反光太阳能地标

新型智能蓄能自发光反光太阳能地标包括智能太阳能 LED 灯芯片集成组件与蓄能自发光材料两类。

智能太阳能 LED 灯芯片集成组件的工作原理是利用光伏板充电，储存在蓄电池之中，等到夜晚通过智能时钟芯片控制 LED 灯发出亮光来勾画道路轮廓，诱导驾驶员视线，具体如图 5-40 所示。

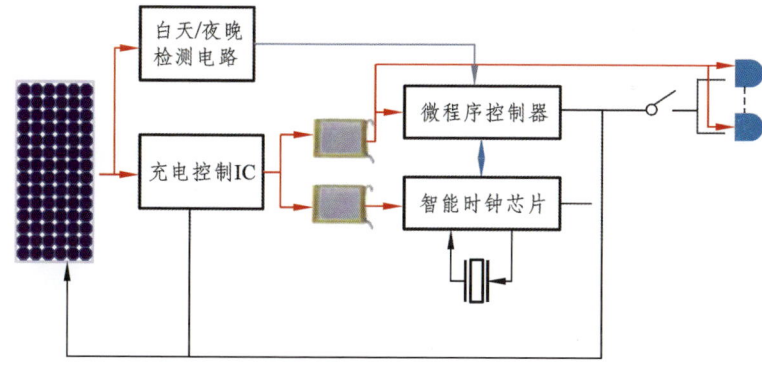

图 5-40　智能太阳能 LED 灯芯片集成组件工作原理

蓄能自发光材料工作原理是通过光照照射到材料表面，光子进入自发光材料后，材料可延缓阻碍光子脱离材料的时间，形成蓄能发光的状态，属物理反应，如图 5-41 所示。该材料吸收光源 1~2 h 后，夜晚能持续发光 10 h 以上。

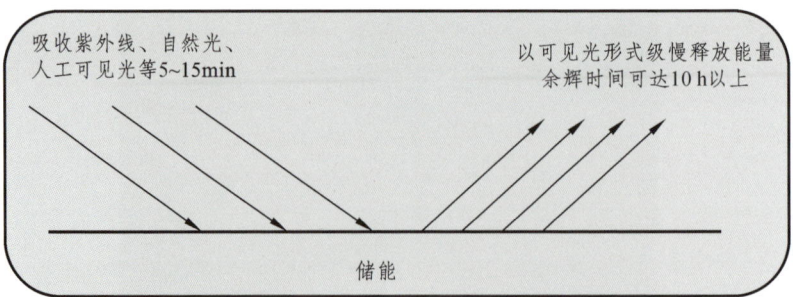

图 5-41　蓄能自发光材料工作原理

蓄能自发光地标实物图以及夜间应用效果如图 5-42、图 5-43 所示。

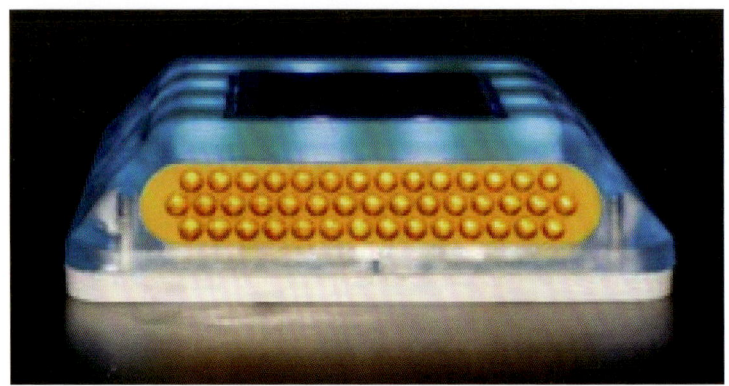

图 5-42　蓄能自发光地标实物

图 5-43　蓄能自发光地标夜间应用效果

◆ 推广前景

自发光路面既能改善公路上驾驶员行驶过程中明暗视觉适应现象，在节能的前提下有助于安全行车，同时反光路面的长余辉能在火宅、断电情况下发挥应急照明及视觉诱导作用，推广使用前景广阔。

6 固体废弃物再生利用技术

6.1 废旧轮胎资源化生产高性能橡胶沥青技术

我国是汽车工业大国,废轮胎产生量巨大。将废旧轮胎加工成胶粉,在沥青路面建设和养护工程中应用,是废轮胎无害化再利用的有效途径,废旧轮胎、橡胶粉分别如图 6-1、图 6-2 所示。将胶粉用于沥青路面中,能够提高路面对疲劳裂缝、反射裂缝的抵抗能力以及抗老化、抗氧化能力,并具有优异的抗车辙永久变形能力及抗水损坏能力。橡胶沥青及混合料应用技术体系如图 6-3 所示,包括原材料、混合料、生产工艺及质量控制 4 个方面。

图 6-1 废旧轮胎

图 6-2 橡胶粉

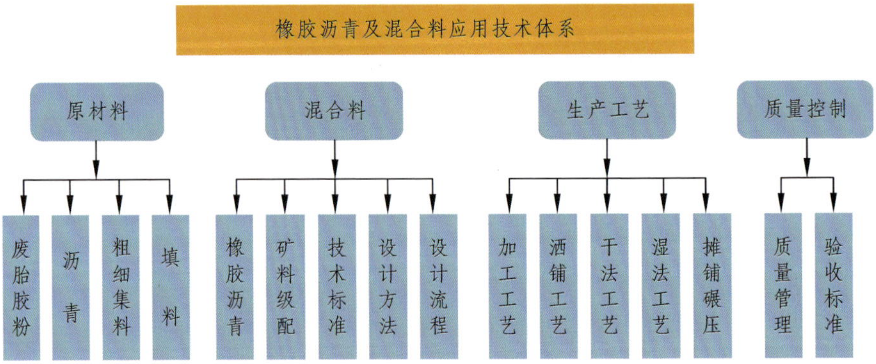

图 6-3 橡胶沥青及混合料应用技术体系

根据不同的工程需求及应用部位，橡胶沥青路面的主要包括重载交通高黏弹性橡胶沥青路面、抗裂型复合沥青路面及橡胶沥青桥面铺装等。

重载交通高黏弹性橡胶沥青路面典型结构如 6-4 所示。

该种结构具备改善面层受力状态，高温性能优越，路面抗反射裂缝能力强，节约工程造价等优势。

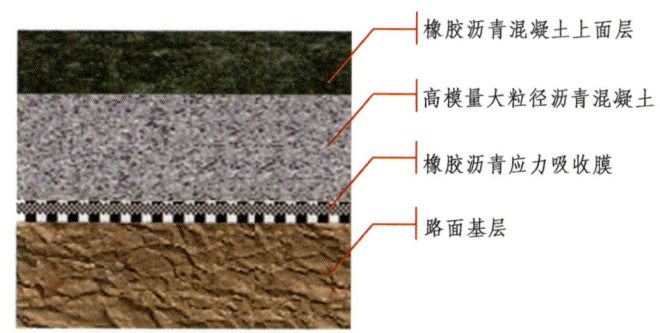

图 6-4　重载交通高黏弹性橡胶沥青路面典型结构

抗裂型复合沥青路面典型结构如图 6-5 所示。

该种结构具备路面抗反射裂缝能力强，节约工程造价，适用范围广等优势。

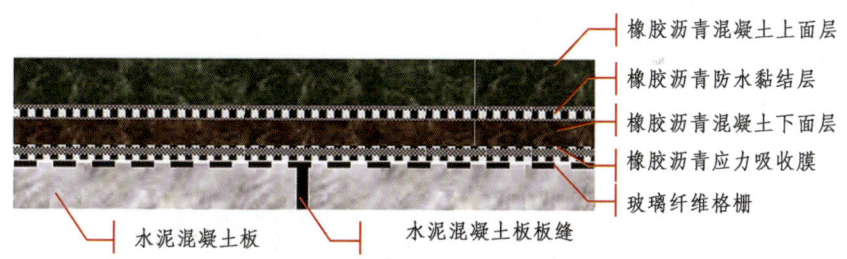

图 6-5　抗裂型复合沥青路面典型结构

橡胶沥青桥面铺装典型结构如 6-6 所示。

该种结构具备密水性好，避免桥面铺装水损坏，减轻桥梁恒载、改善受力状态，节约工程造价等优势。

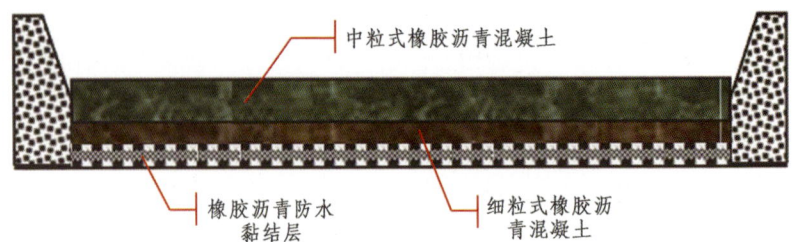

图 6-6　橡胶沥青桥面铺装典型结构

橡胶沥青路面的工程实例如图 6-7~图 6-9 所示。

（a）拌和出料

（b）碾压

图 6-7　橡胶沥青面层施工过程

6 固体废弃物再生利用技术

（a）施工过程　　　　　　　　　　（b）竣工验收阶段

图 6-8　石家庄市裕华路、槐安路改造工程（橡胶沥青上面层）

图 6-9　长安街大修工程（橡胶沥青面层）

◆ **推广前景**

　　湿法橡胶沥青黏度大、黏附性好，弹性恢复能力强，耐久性好，可应用于 AC、SMA、Superpave 等混合料，具有优异的综合路用性能和突出的高温抗车辙、抗疲劳性能。同时，橡胶沥青技术可消耗大量废旧轮胎，有效节约沥青等不可再生材料，减少废旧轮胎燃烧产生的能耗、SO_2 和温室气体排放，缓解了轮胎处理占用耕地、滋生老鼠蚊蝇的环境问题，经济、社会效益和环境效益显著，具有广阔的应用前景。

6.2　建筑垃圾在公路中的应用技术

　　建筑垃圾中 90% 是由水泥混凝土碎块、砖块和渣土构成，包括砌体结构拆除物（图6-10）、水泥混凝土结构拆除物（图6-11）、地下结构拆除物以及未及时回收的建筑垃圾，成分具有一定复杂性。

其中砌体结构拆除物（砖石材料）具有较好的强度、硬度、耐磨性、冲击韧性、抗冻性及耐水性等特性，是公路工程难得的水稳定性和抗冻性好的建筑材料。

图6-10　砌体结构拆除物　　　　图6-11　水泥混凝土结构拆除物

建筑垃圾处理是通过专业粉碎设备，经过破碎、筛分、传送、去除杂质等一系列加工（图6-12、图6-13），最终形成颗粒均匀、不同粒径的混凝土颗粒、砖石碎片及砂颗粒，简称为再生材料（图6-14、图6-15）。这些被粉碎分类的建筑垃圾再生材料可以被重新利用，用于高速公路工程的路基、路面基层、垫层以及特殊地基处理、混凝土构件等。

（a）破碎　　　　　　　　　　（b）除铁

图6-12　建筑垃圾破碎、除铁等

6　固体废弃物再生利用技术

图 6-13　建筑垃圾筛分

图 6-14　再生粗骨料

图 6-15　再生细骨料

在工程应用方面，2006 年在沧州市千童大道中分别铺筑了 7∶13∶80 外加 1%水泥石灰粉煤灰稳定再生集料、5.0%水泥稳定再生集料、3∶6∶91 水泥粉煤灰稳定再生集料，直接用作道路基层，质量良好；2011 在黄骅市神华大街工程翻修中，将再生级配集料水泥稳定建筑垃圾再生集料应用于道路的底基层，大大缩短了建设工期，如图 6-16 所示。

图 6-16 建筑垃圾水稳碎石基层

◆ 推广前景

近年来公路、铁路等基础设施建设对砂石材料的需求量不断增长，使得公路交通行业可持续发展与碎石、砂砾等地材短缺的矛盾日益突出。将此科技成果迅速转化为规模化生产力，变建筑垃圾为绿色建材用于道路工程中，不仅能够解决建筑垃圾围城问题，且能够推动道路建设。因此，建筑垃圾再生骨料市场前景非常广阔，且经济效益显著。

6.3 钢渣路面材料综合利用技术

钢渣是炼钢过程中所排放的固态废弃物，其多棱角的表面特性优于天然砂石，如图 6-17 所示。钢渣具有耐磨、抗滑、高碱度等特性。呈碱性与沥青有好的亲和力，使钢渣成为一种具有潜在活性的路用材料。将钢渣运用到道路工程领域，不仅可以减少污染，还可降低道路建设的工程造价。

6 固体废弃物再生利用技术

图 6-17 钢渣

将钢渣应用于不同的路面层位,其具有不同的特点,具体如下:

1. 钢渣用于道路面层

钢渣含有 CaO、MgO、Al_2O_3 等活性成分,其膨胀量在使用初期较大,但终将趋于稳定。钢渣活性成分反应后,将生成晶体和水硬性胶凝产物,提高松散钢渣颗粒整体性,且其本身具有一定板结性,钢渣面层可板结为一个稳定性较好并且具有一定强度的结构层。其工程应用如图 6-18、图 6-19 所示。

图 6-18 岚罗高速一标段上面层为 SMA-13 钢渣沥青混合料

图 6-19　张家港市梁丰路海绵化改造工程（钢渣透水沥青路面）

2. 钢渣用于微表处

与普通路面相比，沥青路面钢渣微表处技术具有节能环保、节约成本、施工速度快、开放交通早等特点，主要用于处治理路面车辙病害，可有效提高路面平整度及行驶质量，其工程施工如图 6-20 所示。

图 6-20　G30 连霍高速公路嘉峪关至黑山湖区间沥青路面钢渣微表处

3. 钢渣代替石料用于道路的基层及垫层

钢渣可以和水泥土拌和，用作道路的基层。钢渣对水泥土的性能具有

6 固体废弃物再生利用技术

一定的改善作用，在水泥土中掺入一定的钢渣，可以提高水泥土的密实度和抗裂性，其应用工程如图6-21所示。

图6-21 日照市S222改建工程五莲段水泥钢渣碎石基层

然而，用钢渣修筑路面材料也存在一些问题。如钢渣的多孔结构会导致沥青用量高、热耗大，增加制备成本；钢渣体积稳定性不良，导致沥青混凝土的耐久性能没有改善，而陈化处理是改善钢渣体积稳定性的有效方法。控制大粒径骨料及沥青用量，可以提高钢渣沥青混凝土的路用性能。

◆ **推广前景**

随着钢渣处理技术的发展，考虑我国道路建设的现状、环境保护的要求，以及技术上和经济上的可行性，将钢渣应用于道路工程中具有广阔的前景和较高的经济效益。

6.4 隧道弃渣在水泥稳定基层中的应用

高速公路隧道建设面临开挖后大量弃渣的处理问题和地下水环境改变难题，对于产生的弃渣目前大多采用抛弃、堆放等处理方法，不可避免地会污染环境。隧道弃渣经过处置可作为集料用于公路修筑，不仅可以降低成本，且有效解决了隧道石渣堆放、水污染等问题。

隧道弃渣破碎加工设备及过程如图6-22所示。经过破碎厂加工的花岗岩弃渣如图6-23所示。

图 6-22　隧道弃渣破碎加工过程

图 6-23　经过破碎厂加工的花岗岩弃渣

水泥稳定碎石基层中使用的隧道弃渣应该具有良好的力学性能和黏附性能,而弃渣与水泥之间的黏附性能又取决于隧道弃渣良好的化学性能。隧道弃渣的基本特性测试有粗、细集料基本技术指标,水泥稳定材料 7d 无侧限抗压强度,级配碎石 CBR 强度,级配碎石 CBR 强度,水泥稳定材料压实度。其次,隧道弃渣吸水率的大小可以反映出岩石微裂缝的发育状况,能够用来分析岩石的风化和抗冻能力。

此外,用于道路施工的隧道弃渣要具有合理的颗粒粒径组成、良好的浸水稳定性和承载能力。

◆ **推广前景**

隧道工程会产生大量弃渣,路基填方利用不多,造成大量弃渣需要处理,且施工现场交通条件差,材料运费昂贵。将隧道弃渣应用于水泥稳定基层中,使两者之间达到平衡,可以有效地加快施工进度,降低工程造价。

7 施工及质量检测新技术

7.1 智能压实技术

传统施工压实作业主要依赖操作人员的经验水平,易出现漏压、过压,且检测结果往往存在不准确性。

智能压实技术是根据路面与振动压路机相互动态作用原理,结合高精度定位系统和温度测量装置,在压实过程中连续测量压路机路面压实度、位置轨迹、温度等参数,并通过建立检测评定与反馈控制模型,实时指导操作人员调整碾压参数,提升施工效率。

智能压实系统原理图和智能压实设备如图 7-1、图 7-2 所示。

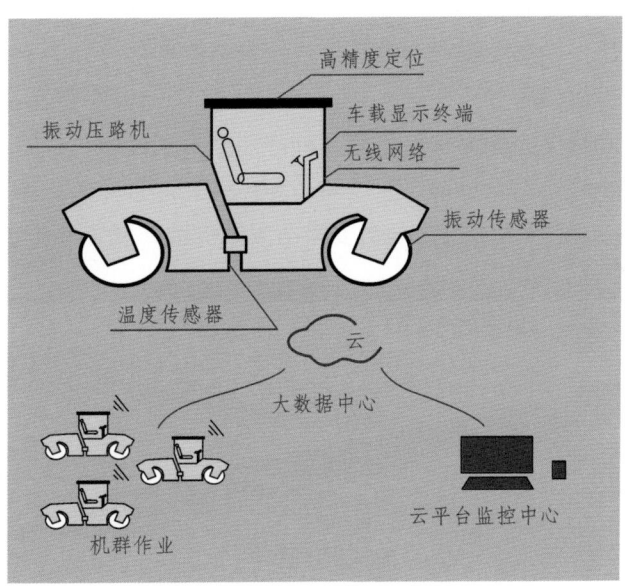

图 7-1 智能压实系统原理图

图 7-2　智能压实设备

振动传感器的作用在于采集振动钢轮位置的路面实时反馈信息，并通过傅里叶变换换算成路面压实值。

温度传感器则用于采集当前压路机位置的温度信息，为沥青路面施工时高温碾压提供温度分布图。

云平台数据中心能够实时收集并处理路面数据信息，并将其转化成直观的可视化色阶图（如界面压实色阶图与压实遍数分布色阶图，分别见图7-3 和图7-4），清晰明了地展示当前振动压路机所在位置的压实数据信息。

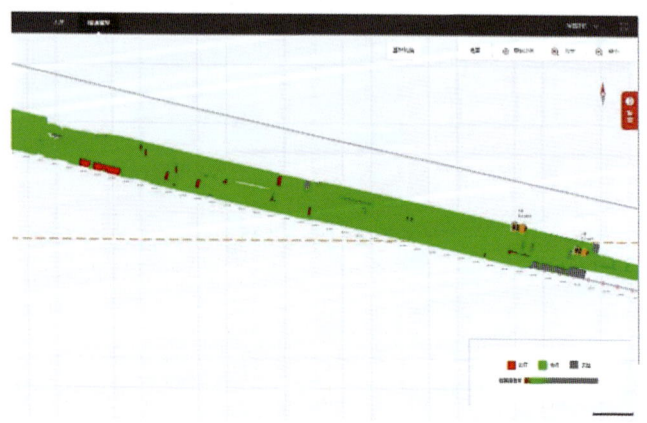

图 7-3　车载显示终端界面压实色阶图

7 施工及质量检测新技术

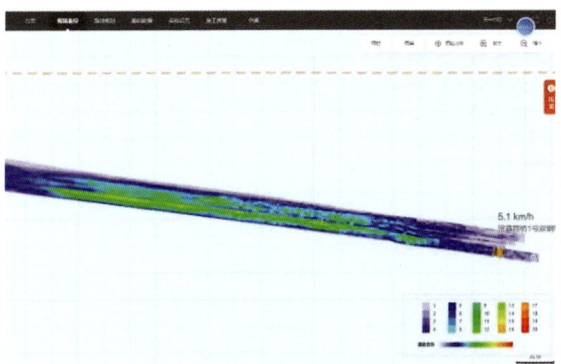

图 7-4 压实遍数分布色阶图

智能压实技术在南京某高速公路上面层施工中得到实施应用，施工路段的沥青材料层采用 SMA-13S，压实厚度为 4cm，实施路段总长 34km。施工现场见图 7-5 所示。

图 7-5 智能压实系统施工

使用智能压实技术的路面压实度与省内同期高速公路压实度、构造深度数据对比如 7-6 所示。

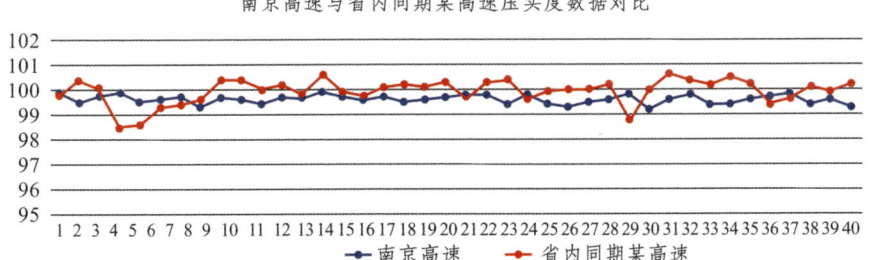

（a）压实度对比

- 87 -

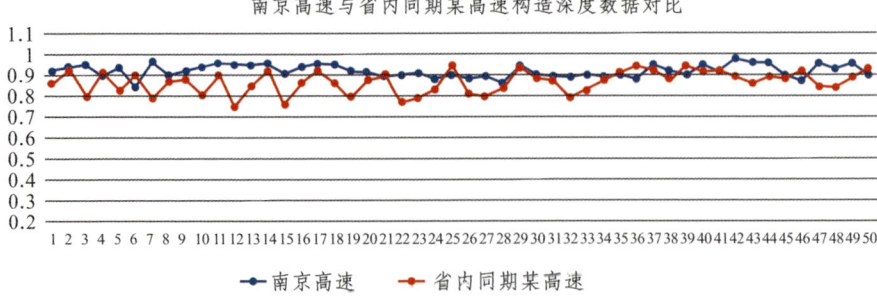

(b) 构造深度对比

图 7-6　南京高速与省内同期某高速压实度与构造深度数据对比

由图 7-6 可见，使用智能压实技术的路面压实度、构造深度等离散性更小、均匀性更好，各项关键指标均优于省内同期的某高速路段数据。

◆ **推广前景**

智能压实技术能够有效防止欠压及过压，改善路面压实均匀性和压实质量、提升压实效率和延长道路使用寿命，还能将施工过程完整地记录下来，为后期质量问题追溯提供数据支撑，发展前景广阔。

7.2　沥青路面施工智能控制技术

沥青路面施工智能控制技术是运用 GNSS 技术及 RTK 结合 HNCORS 定位技术，实现对施工设备实时高精度定位，并实现路面施工过程中摊铺机、压路机、运输车等在内多种大型施工机械的协同调度作业，实时监测运输、摊铺速度、碾压位置及遍数等协调控制施工。

该技术利用远程视频技术辅助路面施工安全的监控和指导工作。同时，综合性信息数据库统一管理，通过运用 C/S 技术以客户端形式展示，实现对数据仓库交互访问，施工综合数据信息平台化共享。公路工程智能施工管控系统操作界面如图 7-7 所示。

7　施工及质量检测新技术

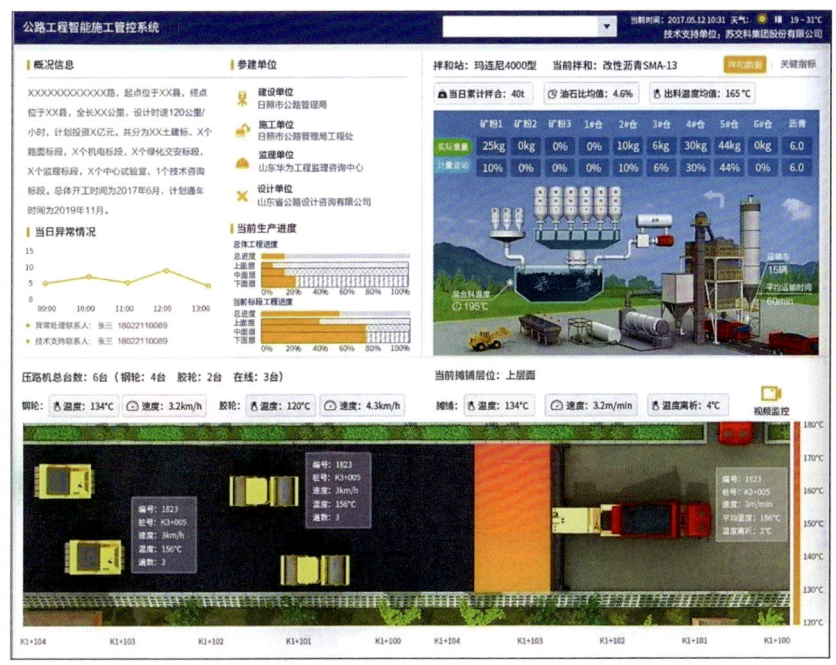

图 7-7　公路工程智能施工管控系统操作界面

对应的数据采集及管控设备见图 7-8 所示，涵盖拌和、运输、摊铺及碾压等环节数据的采集。

图 7-8　公路工程智能施工管控系统数据采集及管控设备

◆ **推广前景**

该技术能够大幅提高沥青路面的施工精度，减少浪费，有效提高机械的施工效率，减少机械设备占用费，减少了技术人员大量野外工作量，具有较好的经济效益。

7.3 "3D 摊铺"施工技术

毫米级高精度"3D 摊铺"施工技术结合了 GNSS 精密定位技术和激光找平技术，能够立体控制摊铺的高程精度和平面精度，使施工误差从过去的 1 到 2 厘米降低至毫米级，即使基桩、基线位置产生位移也不会影响摊铺精准度。

目前 3D 摊铺施工技术在国外机场、高速路面应用较为普遍，在国内机场跑道路面也得到广泛应用。

3D 摊铺原理如图 7-9 所示。3D 摊铺系统主要由 GPS 基准站、激光高程基准站、mmGPS 流动站和摊铺机自动控制系统四部分组成。系统工作时，架设在控制点上的 GPS 基准站和激光基准站将 GPS 信号和激光高程信息传输到接收机，接收机对信号进行处理后传输给控制箱，控制箱将生成高程修正信息，驱使摊铺机熨平板调整方向，实现路面摊铺平整度、厚度的变化。同时，mmGPS 流动站能对摊铺情况进行实时监控，便于摊铺过程中实现自动化摊铺修正，提高摊铺质量。

图 7-9　3D 摊铺原理（精准定位）

2019年，云南省的楚姚高速公路采用了该项技术进行水泥稳定基层的摊铺，其3D摊铺现场如图7-10所示。

（a）3D mmGPS 控制系统摊铺机正面

（b）3D mmGPS 控制系统摊铺机侧面

（c）位置校准

图7-10 楚姚高速公路水泥稳定基层3D摊铺现场

◆ **推广前景**

该技术实现了无桩化摊铺、数字化施工、施工全过程控制、高精度作业、全天候施工作业、人性化显示、节省材料等，且无需测量人员进行现场测量放桩和架设参考基准线，并能根据现场施工要求进行灵活的调整，实现智能化、数字化施工，大大降低人员使用，拥有良好的前景。

7.4 连续配筋混凝土路面（CRCP）施工技术

连续配筋混凝土路面（Continuous Reinforced Concrete Pavement，CRCP）是在路面纵向连续配置足够数量的钢筋以控制路面板纵向收缩产生的裂缝宽度和数量，同时在横向也配置一定数量的钢筋来支撑纵向钢筋，在施工时不设胀缩缝的一种高性能混凝土路面结构。

连续配筋混凝土路面内部的钢筋布设如图 7-11 所示，可见包含大量的纵向钢筋与一定数量的横向钢筋。上述钢筋的布设能够有效控制裂缝的宽度，减少裂缝剥落，提升裂缝传荷能力。

图 7-11 CRCP 路面筋网布设

其铺筑效果如图 7-12 所示，可见连续配筋混凝土路面无横缝（胀缩缝），路面整体性、连续性及平整度好。

图 7-12 CRCP 路面路段

7 施工及质量检测新技术

◆ **推广前景**

CRCP消除了普通混凝土路面的横向接缝,具有行车舒适性好,承载能力高,使用寿命长,养护维修少等显著优点。CRCP与目前公路交通运输日益大流量、重型化的发展趋势相适应,在重交通高等级道路中有广阔的应用前景。

7.5 预制模块化道路技术

装配式(预制模块化)道路是以工厂化生产的预制路面板为主,通过现场装配的方式建造的道路,具有便于拆卸更换、重复利用以减少建筑垃圾、可制作高强预应力构件以延长道路使用年限、工厂标准养护耐久性强、适应范围广及开放交通快等诸多优势。

该技术目前已广泛用于施工临时便道、临时停车场、货物堆场等工程,特别是在工期紧、施工条件恶劣时候其优势较为明显。新冠疫情防控期间的多个临时医院的道路、雄安新区容东片区内部施工通道工程、成都天府新区临时道路工程等,均采用预制装配式道路,如图7-13所示,其包含不同形状的预制路面板。

(a) 长方体预制路面板　　　(b) 不规则形状预制路面板

图7-13　装配式道路

装配式道路主要由水泥混凝土预制板块以及配套施工的排水设施组成,其原理是:在地基基层表面上,按规划设计好的模量直接铺设预制好的水泥混凝土板块,如图7-14所示。预制混凝土板块制作完成后运输至指定位置进行铺设，板块内部配置钢筋网架，板块中设置吊孔，便于吊装。待主道路完成后，开始配套排水设施的施工工程。

图 7-14　预制混凝土板块铺设

◆ **推广前景**

随着国家对环境指标要求的进一步提高，传统的临时道路施工方法必然将会被预制模块化技术取代。该技术符合节能环保的要求，能减少因施工结束后场地拆除造成的大量建筑垃圾，符合我国绿色施工评价标准中节地与土地资源保护评价指标。

7.6　振动搅拌技术

振动搅拌就是在新拌混凝土强制搅拌的同时加以振动，使水泥颗粒处于颤动状态，从而破坏水泥聚团，使水泥颗粒均匀分布，增加了有效碰撞次数和有效接触面积，加速了水泥颗粒表面水化生成物向液相扩散的速度，使水泥水化反应加速，增加水泥和骨料间的黏结力。

振动搅拌能够提升强度 15%~40%，节约水泥 10%~20%，搅拌时间缩短，含气量稳定在 3%左右，耐久性优良。

振动搅拌技术使用的设备如图 7-15 所示。

7　施工及质量检测新技术

图 7-15　振动搅拌设备

在搅拌的同时，搅拌轴、搅拌臂、搅拌叶片同时释放激振力，通过释放的激振力来强化搅拌过程。振动搅拌主机内部构造如图 7-16 所示。

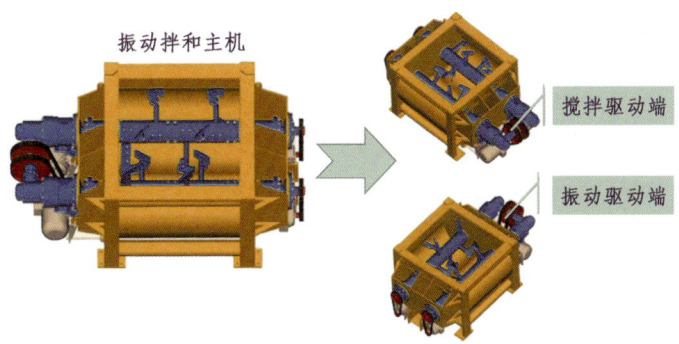

图 7-16　振动搅拌主机内部构造

普通搅拌与振动搅拌方式下的骨料破坏情况如图 7-17 所示，振动搅拌方式下骨料与水泥石之间的黏结力优良（无裂纹产生），而采用普通搅拌方式则在骨料-水泥石界面处出现了裂纹。

图 7-17　不同搅拌方式下的骨料破坏情况

不同搅拌方式下的水泥颗粒分布情况及水泥混凝土试件状态分别见图 7-18、图 7-19 所示。在普通强制搅拌方式下，水泥颗粒存在团聚现象，而采用振动搅拌时，水泥颗粒分布均匀，具体前者体现为水泥混凝土的断根，后者则较为密实。

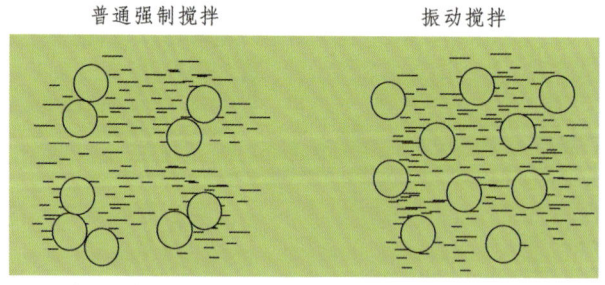

图 7-18　不同搅拌方式下水泥颗粒分布情况示意

（a）普通搅拌断根　　　　　　（b）振动搅拌密实

图 7-19　不同搅拌方式下水泥混凝土试件状态

◆ **推广前景**

振动搅拌技术相较传统的拌和方式均匀性更好，大幅度提高了混凝土的密实程度，有效减少裂缝，减少后期养护费用。水泥量使用减少，降低了工程造价的费用，具有很好的推广前景。

7.7　基于三维探地雷达的路基路面全深度诊断技术

运用三维探地雷达对沥青路面厚度及施工均匀性等进行探测，从获取的雷达波参数来确定路面结构层厚度、层间黏结状况、沥青面层密度等情况，具有快速、无损、高分辨率的特点。具体优势如下：

（1）实现沥青路面厚度、密度整车道无损检测，相较于传统的二维探地雷达实现了厚度的纯无损探测，有效保证了路面结构的完整性；

（2）实时呈现道路地下空间三维状态信息，明确道路病害发育程度及其所处层位，实现道路内部病害的精准诊断，可为道路管理养护部门提供养护决策依据。

三维探地雷达如图 7-20 所示，经测试得出的路面情况结果（以沥青路面半刚性基层为例）如图 7-21 所示。该技术能够很好地无损检测出路面材料内部的实际破损情况及具体位置,如基层的松散、疏松或破碎等。

(a)拖车式

(a)前置式

图 7-20　不同形式三维探地雷达应用现场

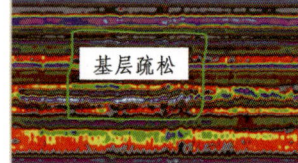
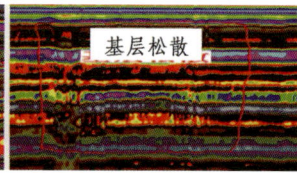
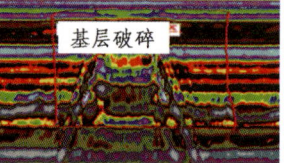

图 7-21　全深度诊断技术结果分析(水泥稳定基层破损情况)

◆ 推广前景

　　通过三维探地雷达对道路内部健康状况的评估诊断,可明确其病害发生的层位及走向,可为道路养护维修提供处置依据,可有效促进和提高工程项目运维养管理水平,具有显著的经济和社会效益。

8 运营期智慧公路

8.1 高速公路早期凝冰预警及高危路段凝冰自动化处置技术

早期凝冰预警及高危路段凝冰自动化处置技术包含两个部分：一是主动式凝冰预警传感器；二是基于物联网技术开发的凝冰智能喷洒系统。

主动式凝冰预警传感器可通过珀耳帖效应，捕捉不受路面介质影响的真实冰点，解决国外传感器冰点预测精准性低的问题，实现对路面凝冰时间的提前感知，还可以预测凝冰厚度，技术达到国际领先。埋在路面下的主动式凝冰预警传感器如图 8-1 所示。

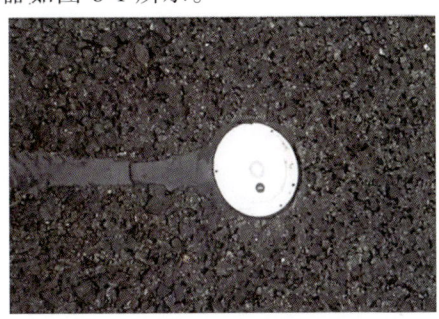

图 8-1 埋在路面下的主动式凝冰预警传感器（核心装置）

预知路面凝冰时间后，凝冰智能系统程序会自动控制安装在路侧的装置，在路面结冰前喷洒融雪剂，降低路面冰点。凝冰智能喷洒系统如图 8-2 所示。

（a）系统控制设备　　　　　　（b）融雪剂喷洒现场

图 8-2 凝冰智能喷洒系统

凝冰智能喷洒系统使用的云平台如图 8-3 所示。

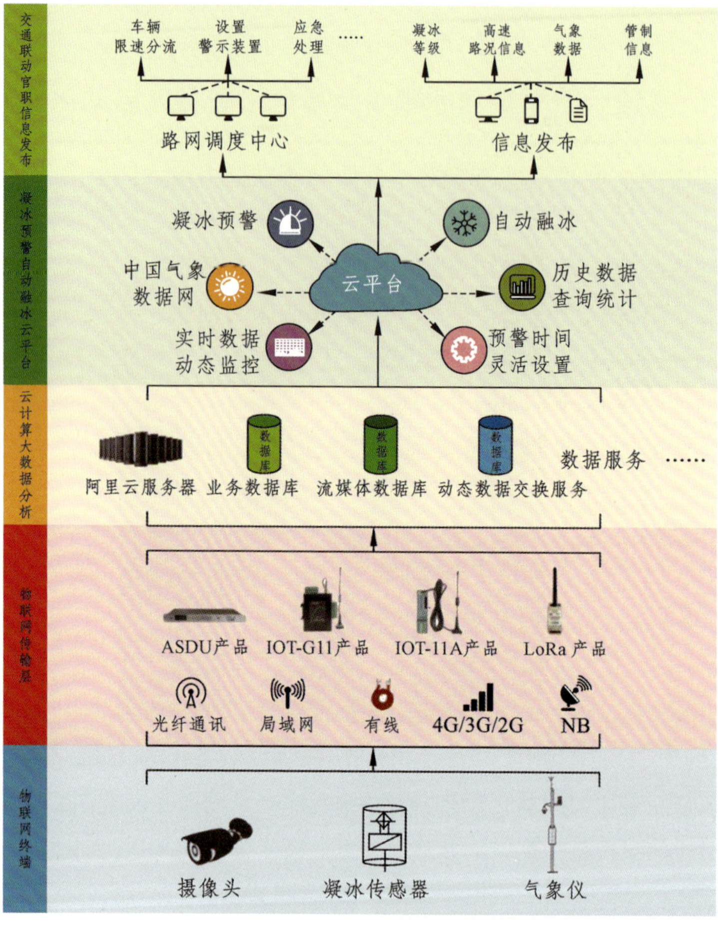

图 8-3　凝冰智能喷洒系统云平台

由图 8-3 可知，凝冰智能喷洒系统为道路管理者提供监控中心远程控制、手机无线控制、现场控制等三种智能喷洒管理模式，实现喷洒融冰剂剂量的精确控制，最大限度地减少对周围植被和桥梁结构的影响。

抗凝冰路面与常规路面对比如图 8-4 所示，图中左幅路为抗凝冰路面，右幅路为常规路面，可见抗凝冰显著。

8 运营期智慧公路

图 8-4 抗凝冰路面与常规路面对比

◆ **推广前景**

　　该系统可布置在山区桥梁、隧道进出口、高海拔背阴、长大纵坡和超高急弯等事故黑点路段,确保冬季道路出行安全,推广前景广阔。

8.2 智慧路面技术

　　智慧路面,其狭义的定义主要指智能交通设施、智慧照明、多杆合一等交通、市政和信息服务设施。除了包含狭义内涵之外,广义上还会外延到智慧公路、智慧高速等不同道路场景下的智能交通信息化。该技术包括承载式高速光伏路面、智能铺面等多种类型或形式,具体介绍如下:

1. 承载式高速光伏路面

　　承载式高速光伏路面最上面一层是类似毛玻璃的半透明新型材料,摩擦系数高于传统沥青路面,还拥有较高的透光率,能够实现下面的太阳能电池把光能转换成电能,实时输送上电网。冬季还可以将光能转化为热能,消融冰冻积雪,确保行车安全。早在 2017 年,我国就已实行全球首条光伏高速公路,如图 8-5 所示。

（a）白天　　　　　　　　　　（b）夜晚

图 8-5　承载式高速光伏路面（济南南绕城高速）

目前承载式高速光伏路面普遍采用的结构形式从上至下依次为表层透光抗滑保护层（透光层）、中层光伏电池发电层（发电层）、底层隔水保护连接层（连接层）构成的太阳能光伏发电面层，以及其下的承重层和路基等，如图 8-6 所示。

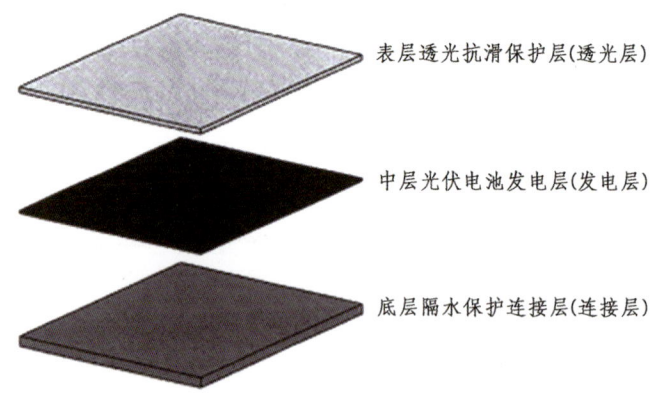

图 8-6　光伏路面典型结构

2. 智能铺面

智能铺面是由先进的结构材料、感知网络、数据中心、通信网络和能源系统组成，具有主动感知、自动辨析、自主适应、动态交互、持续供能等智能能力的铺面设施，如图 8-7 所示。具体涉及综合监控、雾区诱导、匝道分合流、匝道流量管控、交通试件极速感知、车道级管控等功能。

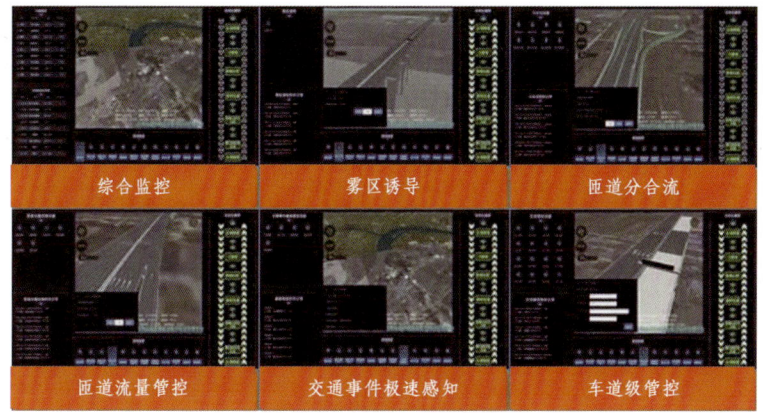

图 8-7 智能感知及管控

智能铺面的工程应用如 8-8 所示。

（a）交通监控装置　　　　（b）环境监控装置

图 8-8 智能铺面工程应用

智能铺面的架构可以分为多层面进行设计和构建。由于不同的铺面类型针对的服务对象不同，其架构也会存在一定的差异性。

◆ **推广前景**

与传统路面相比，智慧路面提高了路面性能，降低了安全风险，提升了服务品质。智慧路面的建设不仅使路面本身具有智能能力，同时使路面成为信息源，从而为智能网联车和智慧交通提供新模式服务，这将对道路交通的智能化带来技术变革和新支撑点。

8.3 智慧边坡监测系统

智慧边坡监测系统是通过传感技术、物联网技术、大数据处理技术等新一代信息技术结合专业地质灾害监测设备,实现地灾数据采集、实时监测、分级预警、灾害预测、养护方案等功能。

该系统能够准确监测边坡的环境(降雨量、土壤含水率、地下水)、表面位移、深部位移,挡土墙的变形、土压力和孔隙水压力等,对位置服务精度可达到 1 mm。智慧边坡监测系统的测点布设具体如图 8-9 所示。

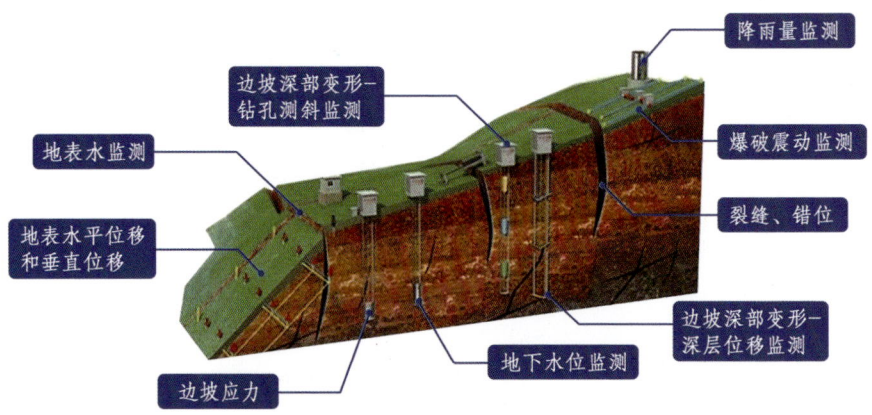

图 8-9　智慧边坡监测系统测点布设示意

智慧边坡监测系统设备安装简洁,并支持远程监控,且监测数据可实时上传监测云平台,让客户随时随地浏览现场情况。具体工作原理如图 8-10 所示,是客户端、采集设备、传感器之间相互协同工作。

8　运营期智慧公路

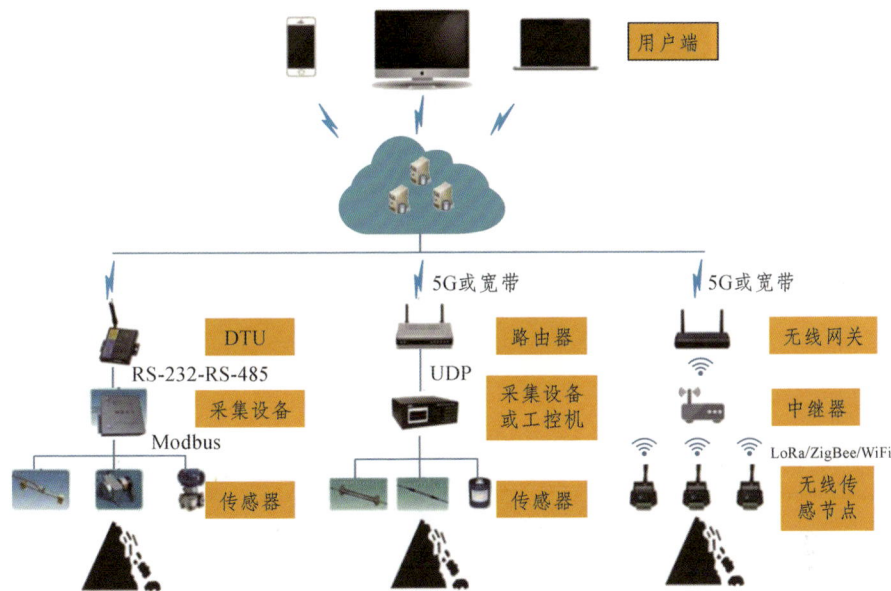

图 8-10　智慧边坡监测系统工作原理

不同监测设备的安装与布设，如表面位移监测、相对位移监测、土地内部位移监测、环境监测及视频监测等，见图 8-11~图 8-15 所示。

图 8-11　表面位移监测

- 105 -

◆ **推广前景**

边坡失稳是一个自微观变形向宏观变形的转化过程，一般自变形开始至失稳要经历卸荷变形、蠕滑拉裂、剧烈滑动和趋稳四个阶段。因此，在边坡发生变形过程中，采用智慧安全监测系统对其变形及影响因素进行监测，确保其变形在安全范围内，能够在很大程度上确保边坡的安全和稳定，具有较好的推广前景。

8.4 隧道智能视频检测和智能调光节能"双智能"系统

该"双智能"系统包括智能视频检测系统与智能调光节能系统，二者共同保证隧道的行车安全。

隧道视频检测分析系统是道路交通方式不可缺少的监管手段，智能视频检测系统在隧道全线设置大量高清摄像头，实时监控隧道路面行车情况。该系统会根据视频图像的像素变化进行图像视觉分析，当隧道路面出现物品掉落、车辆静止或人员进入等情况时，系统会自动发出报警，并实时传回所处位置和现场影像，为突发事件的及时处置争取宝贵时间。通过该系统实时监控隧道画面如图 8-17 所示。

（a）智能视频监控中心　　　　　（b）其他监控端

图 8-17　智能视频监控系统

系统对 50 cm 以上物体均可进行智能识别，并在 1 s 内发出警报。

智能调光系统是使用雷达感应与无极调光系统相结合，实现隧道智能调光功能，如图 8-18 所示。通过在隧道外 150 m、隧道进口、中间、出口洞顶位置安装激光雷达传感器，对移动物体进行智能监测。当传感器监测

8 运营期智慧公路

到有车辆进入时，系统会根据车辆行驶方向按照设定亮度依次加开照明，消除驾驶员的"黑洞效应""视觉适应滞后"等视觉现象，提供安全、舒适的行车环境。当车辆经过隧道最后一个激光雷达传感器 30 s 后，系统会关闭加开照明，仅保障基本照明，以节省能源。

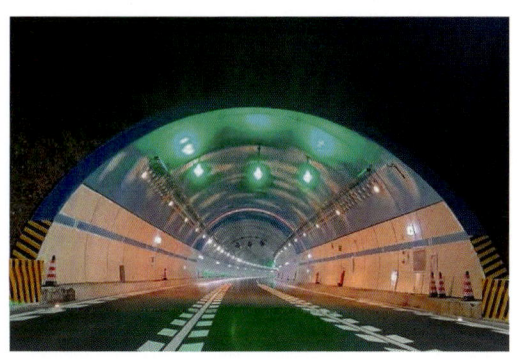

图 8-18　智能调光节能

据统计，使用隧道智能调光节能系统，每公里隧道预计年节约用电量可达 12 万千瓦时，约为 20 余户普通家庭一年的用电需求，实现经济与环保双丰收。

◆ **推广前景**

本技术是智能道路的重要研究内容，是对智能道路技术的有效完善和补充，可以促进交通运输向节能、环保和更加安全的方向发展。因此，本技术在道路领域具有很大的应用前景。

8.5 公路隧道新能源供电照明一体技术

公路隧道新能源供电照明一体技术采用的方法是将光伏电池阵列与传统隧道的遮光篷进行融合，光伏组件除用于光伏发电外，还作为减光照明的材料融入遮光篷中，实现自然光减光照明和发电同时进行。该技术包括照明及储能系统，采用的照明系统为光伏电池减光照明系统，采用的储能系统为混合储能系统。

光伏电池减光照明系统取代了传统公路隧道灯光照明的入口段加强

照明段，并且为剩余的灯光照明段落供电，实现了自然光减光照明。

当在夜间或者是光伏发电输出非常弱，不能满足当时用电的需求的时候，需要用到储能产品进行供电，以保证隧道灯光照明用电，确保隧道行车安全。储能原理示意图及储能设备工作如图 8-19 所示。

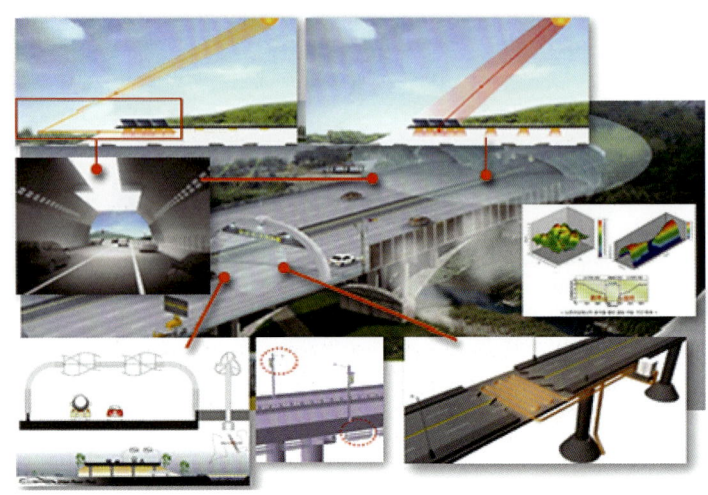

（a）储能原理示意

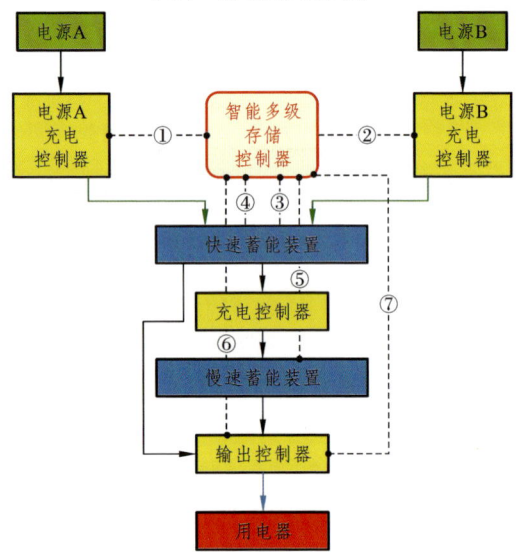

（b）储能设备工作示意

图 8-19　储能原理示意图及储能设备工作示意

公路隧道新能源供电照明一体技术成功应用于长湘高速龙洞隧道左线，其左线长 658 m，单向 3 车道，设计时速 80 km/h。采用该技术对其部分照明系统和供电系统进行了建设。

入口段加强照明和过渡段照明全部由太阳能提供（太阳能储能板如图 8-20 所示），其中入口段前 40 m 由光伏电池减光照明系统将自然光减弱后提供（图 8-21），入口段后 40 m 和全部过渡段照明由太阳能光伏发电提供。

图 8-20　太阳能板储能

图 8-21　隧道口照明工程

◆ 推广前景

照明系统在运营期间实现了脱离电网（市电仅为应急备用电源）、"零"能耗和"零"二氧化碳排放，前景广阔。

9 道路维修养护技术

9.1 常规预防性养护技术

路面预防性养护是指在不增加路面结构承载力的前提下,在路基、路面、桥涵、隧道以及其他公路设施的结构良好或病害、损毁发生初期,即对其进行养护,延缓公路病害、损毁的发生或进一步扩大,从而达到延长公路使用寿命,保持公路完好率,提高公路质量和服务水平降低公路寿命成本,延长中修或大修期限目的的作业方式。目前我国道路的常规预防性养护技术包括以下类型:

1. 裂缝贴

沥青道路裂缝贴又称道路"创可贴",如图9-1所示,是一种滚卷式的阻裂防水隔膜,它的黏接性可以紧紧地密封裂缝,并在道路裂缝表面与裂缝区域形成密实的连接体。

(a)裂缝贴施工

(b)裂缝贴施工完成

图9-1 道路裂缝贴

裂缝贴可直接沿裂缝走势贴在地面上,无须地面开槽。避免了密封胶加热所需的废气排放及开槽过程中的污染,也避免了灌缝过程中密封胶对路的污染。具有绿色环保、抗高低温性能和施工效率高、不影响交通的优势,可有效延长道路使用寿命3年之久,是一种修补道路裂缝行之有效的新工艺方法。

9 道路维修养护技术

2. 雾封层

雾封层也称雾状封层,即在沥青路面上喷洒专门配置的制剂或乳化沥青稀释液,该养护剂在表面能和重力的作用下逐渐渗透、吸附,与旧沥青相结合并对旧沥青路用性能进行改善(补充轻质组分),封闭路面微小空隙和微裂缝,黏结松散集料,增强路面防水性能,改善外观。

雾封层的施工过程及施工前后对比如图 9-2、图 9-3 所示。可见,雾封层的洒布能够有效改善原路面的表面功能,封闭裂纹。

图 9-2 雾封层施工过程

(a)施工前原路面状况　　　　(b)施工完成后的路表状况

图 9-3 雾封层施工前后对比

3. 微表处

微表处是采用适当级配的石屑或砂、填料（水泥、石灰、粉煤灰、石粉等）与聚合物改性乳化沥青、外掺剂和水按合理比例拌和，并通过专门施工设备摊铺到原路面上，达到迅速开放交通要求的薄层结构，厚度为10~15 mm，如图9-4和图9-5所示。

图 9-4　微表处近貌　　　　　图 9-5　微表处工程

微表处具有防水、耐磨、提高路面防滑性能和路面平整度、防止路面老化与松散等优点，还可局部修复车辙，适合处理路面早期出现的抗滑能力不足、轻微网裂、松散、麻面和车辙病害。

微表处在常温下（>10℃）施工即可，无有毒烟雾、粉尘、噪声污染、废水外排，适用于重要交通道路的预防性养护如高速公路、城市干线、机场跑道等。其缺点在于噪声较大。

4. 碎石封层

碎石封层按照施工工艺可分为普通碎石封层、同步碎石封层和纤维碎石封层。

其中，同步碎石封层是采用同步碎石封层车将碎石及黏结材料（改性沥青或改性乳化沥青）同步铺洒在路面上，通过自然行车碾压形成单层沥青碎石磨耗层。同步碎石封层的洒布过程如图9-6所示。

图 9-6 同步碎石封层洒布过程

同步碎石封层主要作为路面表层处治使用，也可用于低等级公路面层。能够提高路面防渗水性能、抗滑性能，延长路面使用寿命。其不足之处在于工程造价较高，抗裂效果一般，工程中经常出现碎石脱落现象。

纤维沥青碎石封层技术是指采用纤维沥青碎石封层核心设备同时撒布改性乳化沥青和纤维，然后再撒布碎石，经碾压后形成新的磨耗层。按层位功能分为上封层（表面磨耗层）和下封层（应力吸收层），如图 9-7 所示。

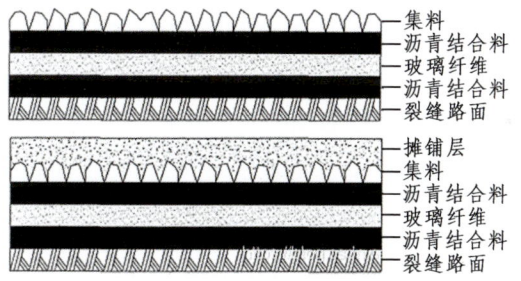

图 9-7 纤维沥青碎石封层结构

纤维沥青碎石封层具有良好的应力吸收与扩散、抗拉、抗剪、抗冲击等综合力学性能和高耐磨、高防水性、高稳定性等路用性能及耐久性能。应用于上封层，能较好地封闭原路面的龟网裂，提高防水性能，恢复使用功能；应用于应力吸收层，具有良好的应力吸收、分散能力和坚固的防水中间层，能够有效地抑制反射裂缝，降低面层低温脆裂性，防止水损坏。

纤维沥青碎石封层的施工过程如图 9-8 所示。

图 9-8 纤维沥青碎石封层施工过程

◆ 推广前景

预防性养护技术对路面有计划地起到了一定的养护作用,达到保持或提高路面使用性能,延长路面使用寿命和减少路面周期养护费用目的的养护活动,降低工程了费用和减少施工对交通的影响,起到了提高路用效果目的,有良好的推广前景。

9.2 超薄沥青磨耗层技术

超薄磨耗层是一种由沥青混合料与改性乳化沥青黏层结合的沥青路面表面层技术,能够高效可靠地解决中轻度裂缝、路面松散、抗滑失效等。可以在性能相同的前提下将厚度降至传统沥青罩面厚度的 1/3~1/2,大幅降低路面养护工程成本。超薄磨耗层分为多种类型,具体如下:

1. SMA-10 超薄磨耗层技术

SMA-10 属于间断级配骨架密实结构,具有高粗集料含量、高矿粉含量、高沥青含量等特点,通过矿粉与外掺剂纤维进行稳定沥青,形成丰富的沥青玛琦脂填充粗集料骨架的空隙,构成骨架密实型结构,其骨架结构如图 9-9 所示。

SMA-10 与传统连续密实型级配细粒沥青混凝土相比具有更大的构造深度、更好密实性、更高的耐久性。

图 9-9　SMA-10 超薄磨耗层骨架结构

2. Nova Chip 超薄磨耗层技术

Nova Chip 属于间断级配骨架空隙结构，是一种通过专用摊铺设备 Nova Paver 将 Nova Bond 乳化沥青防水黏结层和 Nova Binder 断级配骨架空隙结构混合料同步成型的高效快速养护方案。Nova Chip 超薄磨耗层施工如图 9-10 所示。

图 9-10　Nova Chip 超薄磨耗层施工过程

与 SMA 相比较，Nova Chip 粗集料与细集料含量均较少，具有抗滑、抗磨耗、防水雾、降噪声的特点。Nova Chip 超薄磨耗层骨架结构如图 9-11 所示。

图 9-11 Nova Chip 超薄磨耗层骨架结构

3. GT-8 高韧超薄磨耗层技术

GT-8 高韧超薄磨耗层属于连续级配骨架，是一种采用同步摊铺技术，实施厚度为 8~20mm 的热拌沥青混凝土加铺结构层，以特种设计的 GT TECH 高黏高弹改性沥青（PG100 型）和 SBS 高黏改性乳化沥青（PG82 型）作为热拌沥青混合料和黏结层材料，其铺筑效果如图 9-12 所示。

（a）路面效果　　　　　　　　　（b）近貌图

图 9-12　GT-8 高韧超薄磨耗层铺筑效果

与 SMA-10 相比，GT-8 粗集料、矿粉含量均相对较少且不含纤维，但具有更高的油石比（≥7.2%），该关键在于采用了高 PG 等级特种改性沥青，高模量沥青保证了混合料的高温稳定性。GT-8 超薄磨耗层结构如图 9-13 所示。

9 道路维修养护技术

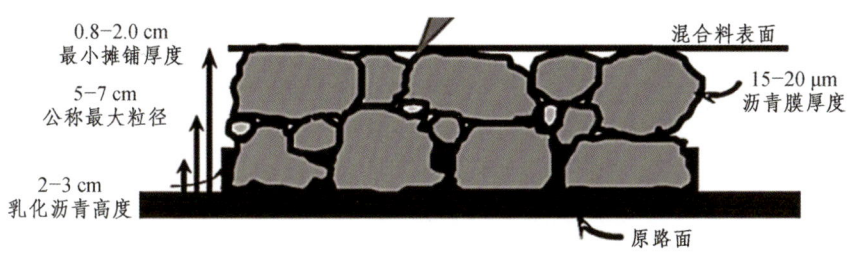

图 9-13　GT-8 超薄磨耗层结构

◆ **推广前景**

超薄磨耗层成型的路面具有抗渗、抗裂、抗滑、降噪等功能，在提升公路服务水平的同时，节省了大量不可再生资源，具有良好的经济、社会、环境效益。

9.3　路面大中修养护设计成套技术

路面大中修养护设计成套技术体现了两个核心理念：一是对路面使用性能进行全过程控制；二是对养护方案的经济效益进行全寿命评估，具体如图 9-14 所示。

图 9-14　路面大中修养护设计成套技术理念

该技术的路面维修养护设计可分为五个步骤：①养护数据采集；②路

-119-

面病害诊断；③养护方案设计；④经济效益分析；⑤养护方案优选。对存在需要养护的路段，通过专项检测诊断路面病害原因，选择养护对策并设计养护方案，通过科学的技术经济比选推荐出相对最优方案。设计技术体系如图 9-15 ~ 图 9-19 所示。

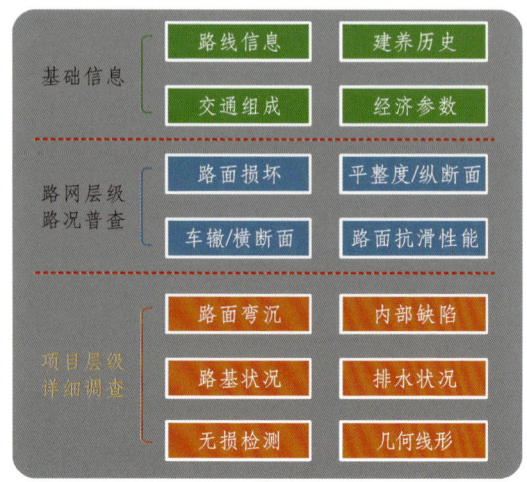

图 9-15　养护数据采集

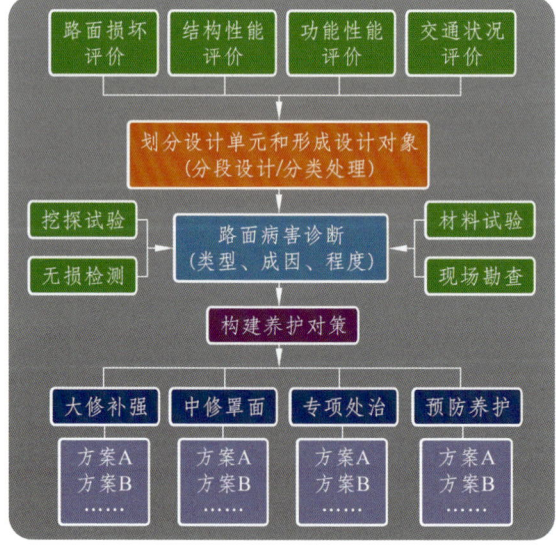

图 9-16　路面病害诊断

9　道路维修养护技术

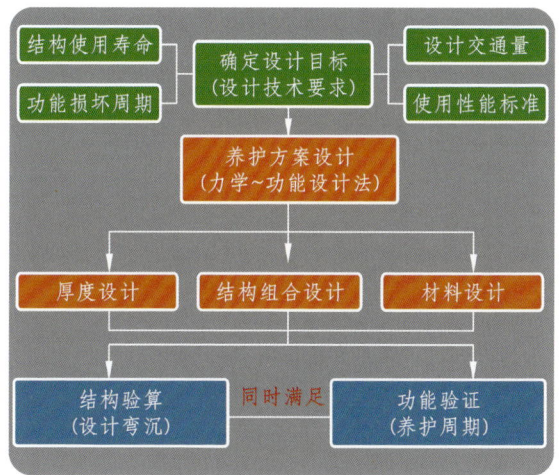

图 9-17　养护方案设计

注：LCC 指全寿命周期成本；EIRR 指经济内部收益率。

图 9-18　经济效益分析

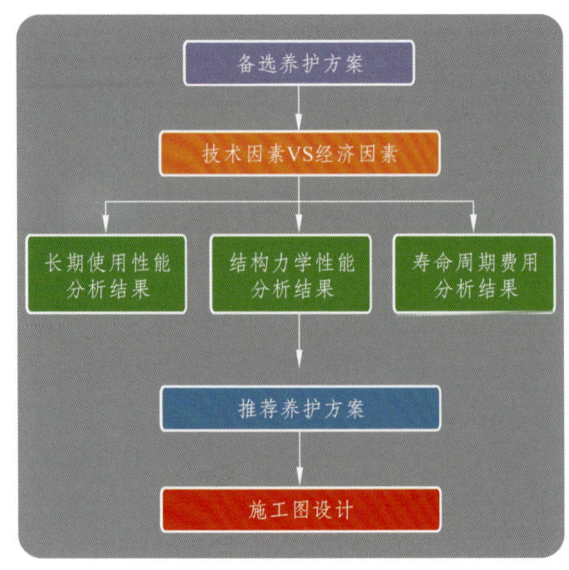

图 9-19 养护方案优选

该技术体系体现了功能指标与力学指标相结合、技术指标与经济指标相结合、当前养护与未来养护相结合的养护设计理念,已纳入《公路沥青路面大中修养护设计规范》。

其关键技术包括路面长期使用性能跟踪观测及数据管理技术、数据采集技术及装备、路面长期使用性能衰变及大中修周期分布规律模型、面向设计对象的病害诊断和养护对策选择方法以及基于LCCA的路面大中修养护设计核心模型。具体如下:

1. 路面长期使用性能跟踪观测及数据管理技术

沥青路面大中修养护设计系统(PORD)大型软件平台采用人机互动的形式实现数据存储、路况评价、病害诊断、方案设计、长期性能预测、寿命周期费用分析及养护报告制作等功能,实现了养护设计的科学化和智能化,如图 9-20 所示。

9 道路维修养护技术

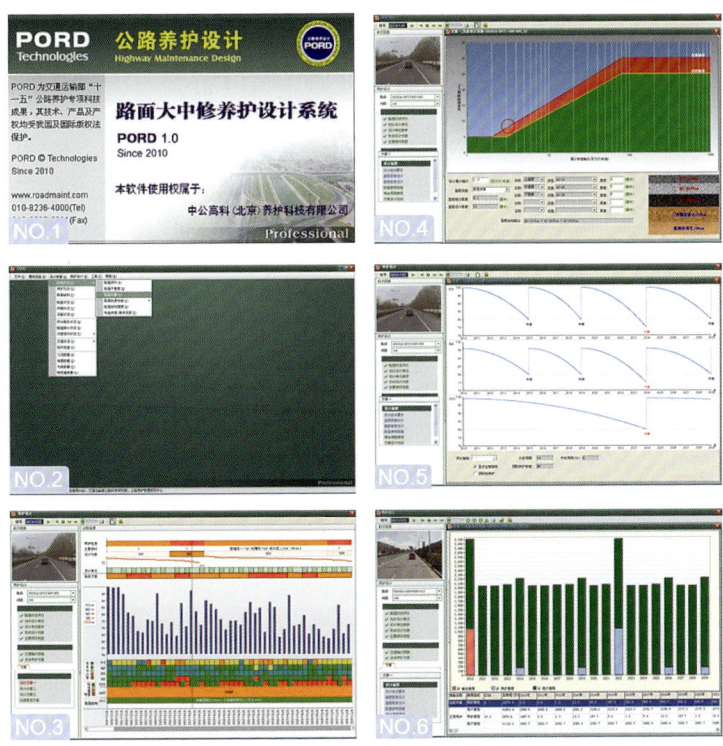

图 9-20 沥青路面大中修养护设计系统

2. 数据采集技术及装备

路面大中修养护数据快速采集系统（ORDiS）和路面裂缝深度无损探测设备（CDR），在我国首次实现了 10 项路面大中修养护数据指标的自动化快速采集，分别如图 9-21、图 9-22 所示。

图 9-21 路面大中修养护数据快速采集系统　　图 9-22 路面裂缝深度无损探测设备

3. 路面长期使用性能衰变及大中修周期分布规律模型

该模型包括路面长期性能预测（RCI）模型、路面病害原因诊断模型、面层厚度选择模型、基层厚度选择模型、沥青路面加铺层厚度设计模型及参数，如图 9-23、图 9-24 所示。

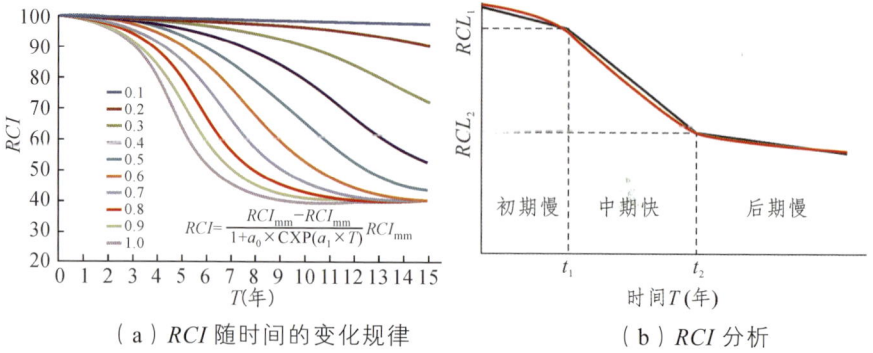

（a）RCI 随时间的变化规律　　　　（b）RCI 分析

图 9-23　路面长期使用性能衰变模型

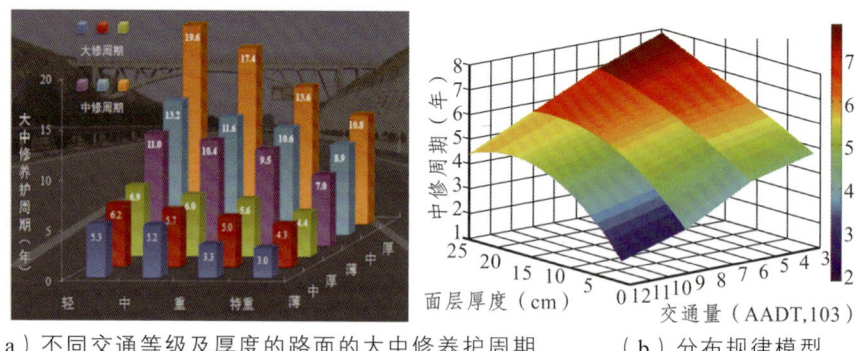

（a）不同交通等级及厚度的路面的大中修养护周期　　（b）分布规律模型

图 9-24　大中修养护周期分布规律模型

4. 面向设计对象的病害诊断和养护对策选择方法

针对项目级养护决策技术难题，利用多维求解策略和层次分析模型，第一层次为基于模糊聚类理论的设计对象划分，第二层次为基于路况特征分析的养护性质确定，第三层次为基于主导病害模式和专家知识的养护对策选择，如图 9-25 所示。

9 道路维修养护技术

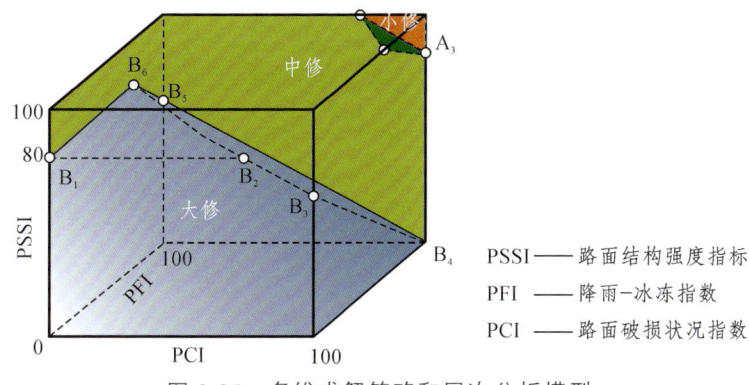

图 9-25 多维求解策略和层次分析模型

5. 基于 LCCA 的路面大中修养护设计核心模型

该模型包括基于"大中修养护周期"的面层厚度计算模型、基于"结构补偿"原理的加铺层厚度计算模型、项目级养护规划模型、全寿命周期费用分析模型等。

◆ **推广前景**

路面养护维修成为我国今后道路交通建设的主要工作。未来将充分利用全国不同地区合作单位的优势资源,重视数据积累,科学养护决策,提倡路面建设养护一体制,加速我国公路养护的技术升级和产业转型。

9.4 沥青路面结构内部裂缝非开挖注浆修补技术

我国高等级公路普遍采用半刚性基层沥青路面,基层易产生干缩、温缩裂缝,目前针对此类裂缝的修复大多采用灌缝、局部挖补等处置方法,难以根治路面结构内部裂缝。

沥青路面结构内部裂缝非开挖注浆修补技术是通过开发的高渗透、高强度、耐水型、早强型化学扩张凝胶注浆材料,利用专业化配套施工装备和标准化施工工艺,进行自下而上微创注浆,实现裂缝结构性修复的技术。该技术的施工工序如图 9-26 所示。

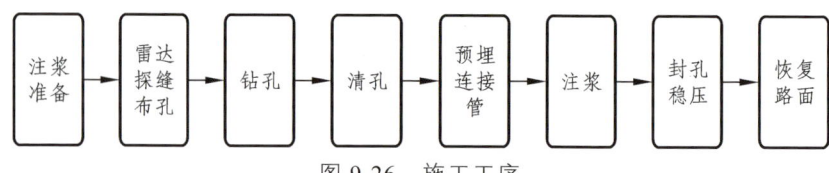

图 9-26 施工工序

在施工之前,首先雷达探测基层隐形病害情况,对注浆前路面内部结构状态进行摸底,进行布孔、钻孔,如图 9-27、图 9-28 所示。

图 9-27 雷达探测及布孔　　　　图 9-28 钻孔

钻孔完成后清孔,采用气压吹对孔内进行清扫,确保孔内干净,如图 9-29 所示。然后预埋注浆导管,并用电锤将保护管夯实,确保与路面连接紧密,如图 9-30 所示。

图 9-29 吹气清孔　　　　图 9-30 预埋注浆导管

将注浆枪头与保护管连接,用扁嘴大力钳夹紧固定,加压注浆,如图 9-31 所示。注浆完成后采用软木塞封孔稳压(图 9-32)防止注浆材料从孔径上方渗出，确保浆液充分渗透至基层。

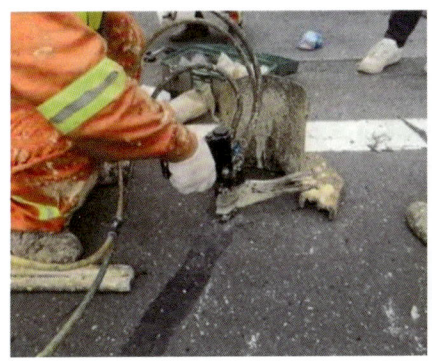
图 9-31 注浆

图 9-32 封孔稳压

清扫恢复路面，待注浆材料固化后（15℃约注浆后 5 min，10℃约注浆后 15 min），将金属保护管撤出，将路表残余或者渗透的注浆材料清除（图 9-33），用冷补料将注浆孔径填补，恢复路面，如图 9-34 所示。

图 9-33 清理

图 9-34 恢复路面

该技术特点的有：注浆材料固化块（＜15 min）；快速开放交通；微创（注浆孔径小，2 cm）；经济（相比传统工艺节约 80% 以上成本）；耐久；力学指标回复率高。

于 2019 年至 2020 年期间，采用该技术对江苏省沪宁高速公路、宁杭高速公路、沿江高速公路、广靖锡澄高速公路、润扬大桥接线高速公路等多条高等级公路实施了裂缝非开挖注浆修补，累计裂缝总条数 1005 条，累计裂缝处治长超过 4000 m。注浆效果如图 9-35 所示，图中是通过现场钻芯得到的圆柱体试样，可见注浆效果较好，浆体能够很好地填充沥青混合料的裂缝。

图 9-35 注浆效果（试件中的黄色部分为所注浆体）

◆ **推广前景**

该技术相对比传统单条裂缝局部挖补工艺，可节约 80% 以上成本。而且能够渗入微小缝隙，固化成型后耐酸、耐碱、耐水，力学性能及体积性能稳定，各项力学指标恢复率高，有广阔的前景。

10 道路再生技术

10.1 沥青路面冷再生技术

沥青路面冷再生技术作为一种路面维修手段,是指将废旧沥青路面铣刨料(RAP)与部分新骨集料结合,并加入活性填料(如水泥、石灰)、再生结合料(如泡沫沥青或乳化沥青)和水,以形成新的冷再生混合料,具有综合性能良好、低碳节能、绿色环保等优势。

冷再生技术又分为厂拌冷再生和就地冷再生技术。

1. 厂拌冷再生技术

厂拌冷再生(CR)是将废旧沥青路面材料运至拌和厂,经破碎、筛分后,与新集料、再生结合料、外掺剂、水进行常温拌和,常温铺筑形成路面结构层。沥青冷再生厂拌设备如图 10-1 所示。

(a)冷再生拌和合楼　　　　　　(b)再生设备

图 10-1　沥青冷再生厂拌设备

厂拌冷再生沥青混合料可用于修复面层和基层病害,一般用于低等级公路或高等级公路的基层、下面层等。厂拌冷再生需要相对温暖、干燥的施工条件,路面通常需要两周的养生时间。冷再生沥青混合料常温摊铺如图 10-2 所示。

图 10-2　冷再生沥青混合料常温摊铺

2. 就地冷再生技术

就地冷再生（CIR）是指采用专用的就地冷再生设备（图 10-3），对沥青路面进行现场冷铣刨、破碎和筛分（必要时），掺入一定量的新集料、再生结合料、活性填料、水，经过常温拌和、摊铺、碾压等工序，一次性实现旧沥青路面再生。

（a）拌和设备　　　　　　　　（b）摊铺设备

图 10-3　就地冷再生设备（具备智能高效发动机）

沥青层就地冷再生是一种循环利用的再生技术，再生后的材料仍将用于沥青层，主要用于道路联结层、下面层或柔性基层。

施工过程中，摊铺机与再生机速度保持同步，严格控制再生层厚度与平整度满足设计要求。摊铺机后紧跟单钢轮压路机、胶轮压路机、双钢轮压路机，对冷再生材料进行初压、复压和终压，形成高密实度的冷再生结构层。就地冷再生沥青混合料摊铺与碾压如图 10-4 所示。

10 道路再生技术

（a）摊铺过程

（b）碾压过程

图 10-4　就地冷再生沥青混合料摊铺与碾压工序

压实后形成的平整密实的冷再生层如图 10-5 所示。

图 10-5　压实后形成的平整密实的冷再生层

◆ 推广前景

采用冷再生技术，可以最大限度地降低对环境的污染，从而利用现有的资源，且冷再生可保证旧路再生层结构的连续性、完整性、均匀性，能够恢复甚至提高旧路原本的使用性能，可以进一步地推广。

10.2　沥青路面热再生技术

沥青路面再生技术分为厂拌热再生和就地热再生技术。

厂拌热再生（HR）是先将旧沥青路面经过初破碎或铣刨后运回工厂，

通过再破碎、筛分，并根据旧料中的沥青含量、沥青老化程度、集料级配等指标，掺入一定量的新集料、沥青和再生剂（必要时）进行拌和，使混合料达到规范规定的各项指标，按照新建沥青路面完全相同的方法铺筑路面的工艺技术。厂拌热再生沥青拌和楼及拌和流程如图10-6、图10-7所示。

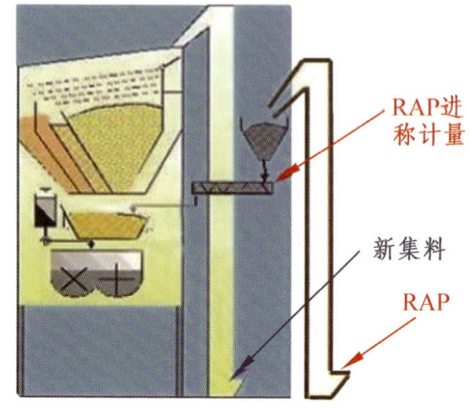

注：RAP指废旧沥青路面铣刨料。

图10-6　厂拌热再生沥青拌和楼　　图10-7　厂拌热再生拌和流程图

厂拌热再生沥青混合料适用于上、中、下面层及柔性基层的养护及改扩建工程，但旧料利用率有限，一般不大于30%，且运输费用增加。

就地热再生（HIR）是采用就地热再生机组（图10-8）进行现场加热、翻松、拌和、摊铺、碾压等工序，如图10-9所示，一次性实现旧沥青路面材料100%再生利用的路面再生技术。施工速度快，通常采用单车道施工，对道路运营影响程度低，近年来逐步推广。

图10-8　就地热再生机组

10 道路再生技术

（a）加热过程　　　　　　　　（b）铣刨过程

（c）拌和过程　　　　　　　　（d）摊铺过程

（e）整体工作

图 10-9　就地热再生施工现场

该技术一般采用加热器前置串联模式加温，升温效率提升空间较大，原理如图 10-10 所示。

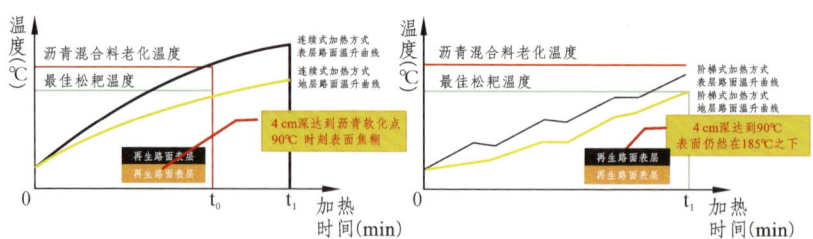

图 10-10　串联加热器加温模式

◆ **推广前景**

　　该技术将废旧沥青路面回收材料通过再生技术运用到高速公路、停车坪、市政道路等，可最大限度地消耗废旧沥青路面回收材料这种大宗固体废弃物，节约土地资源，保护环境，改善人类赖以生存的自然环境，具有显著的经济效益和推广前景。

10.3　沥青路面温拌再生技术

　　温拌再生技术（WRMA）是一种集成了温拌技术和热再生技术优点的新技术，可减轻废旧沥青混合料中的沥青二次老化、降低生产温度、增加RAP掺配比例，其路用性能基本与热拌沥青混合料接近，能更好地体现道路建设技术中材料的循环利用和节能减排。其关键技术如下：

　　（1）干拌时间宜比普通热拌沥青混合料延长 5~10s，总拌和时间宜比热拌普通沥青混合料延长 10~30s；

　　（2）拌和时应适当提高新集料和加热温度，但最高不宜超过 200℃；RAP 加热温度不宜低于 100℃，不宜超过 130℃；

　　（3）拌和过程中应避免 RAP 过热或加热不足的情况，RAP 过热、碳化时，应予废弃。

　　沥青路面温拌再生设备如图 10-11、图 10-12 所示。

10 道路再生技术

图 10-11　沥青路面温拌再生设备

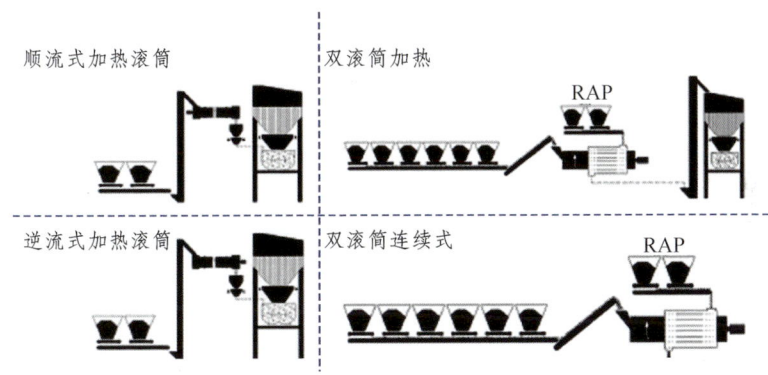

图 10-12　再生设备类型

◆ **推广前景**

采用温拌再生技术不仅能够降低生产成本、节约能源、改善环境、减少有害气体的排放，而且可以降低 RAP 的加热温度，从而减少 RAP 在加热桶中的黏结现象，提高 RAP 的掺配比例，实现温拌再生沥青混合料中 RAP 掺配比例达 40% 以上，大大提高了 RAP 的利用率。可使温拌再生沥青混合料压实时间延长，以致碾压时间更充分，压实更有效。

10.4　水泥混凝土路面碎石化综合技术

碎石化就是利用特殊的施工机械，将原有旧水泥混凝土路面彻底打碎，完全消除原有路面存在的病害，释放面板下空洞的隐患，将打碎的水泥混凝土面板再生利用直接作为基层或底基层，再加铺新的面层，其施工过程如图 10-13 所示，施工工序如图 10-14 所示。

  破碎后的水泥路面粒径自上而下逐渐增大，上部与下部颗粒之间形成嵌挤结构，有效强化路基，经撒布乳化沥青稳定后，在结构上不再是刚性板块而成为类似沥青碎石基层的柔性基层，有效防止"白改黑"后的反射裂缝问题，延长路面的使用寿命。

图 10-13　水泥混凝土路面碎石化施工现场（破碎机工作）

破碎　　　　　碾压一遍　　　　碾压二遍　　　撒布透层油表面

图 10-14　水泥混凝土路面碎石化

◆ **推广前景**

  水泥混凝土路面碎石化技术优势是形成内部嵌挤、紧密结合、高度的材料层，为沥青罩面提供更高结构强度的基层或底基层。施工进度快，节约路基材料及运输成本，解决了丢弃水泥碎块垃圾的环保问题。就地再生，环保无污染，是旧水泥混凝土路面翻新改造的最理想方法。

附录　道路科技成果在防灾减灾中的重要作用

一、九洲北斗位移监测预警系统——守护巴山蜀水

二、四信地质灾害监测预警系统在贵州印江一村落的应用

三、华测旋翼无人机在茂县滑坡泥石流应急救灾及地灾中的应用

四、公路边坡风险评估软件 RASlope 在双永高速梨子岭隧道滑坡中的应用

五、车载式城市道路塌陷灾害预警雷达系统及工程应用

六、公路隧道典型表观病害实时自动监测与预警关键技术与装备

七、工程结构安全智能监测云——助力四川雅西抢险

八、DASP-MTS 监测系统在安庆长江大桥健康监测中的应用

九、GNSS 北斗桥梁形变监测技术在贵州清水河大桥健康监测中的应用

十、合成孔径雷达干涉测量（InSAR）技术在城市地表沉降监测中的应用

十一、新时代的路面结构——复合式路面

十二、新一代高性能橡胶沥青成套技术

十三、车路协同 5G 技术信息化技术在广西沙吴高速中的应用

一、九洲北斗位移监测预警系统
——守护巴山蜀水

◆ 系统介绍

九洲北斗位移监测预警系统是利用高精度（毫米级）北斗接收机实现精准定位，结合测斜仪、水准仪、水压计、应变计等多种传感器监测基础设施的三维位移数据，通过移动或北斗通信实时传输到云计算平台（附图1-1、附图1-2）。再通过平台大数据计算分析，智能化预测道路、桥梁、隧道、地质等防灾点的变形、位移、损伤情况，提前对管理者进行预警，以便采取有效防护措施，减少生命财损失。

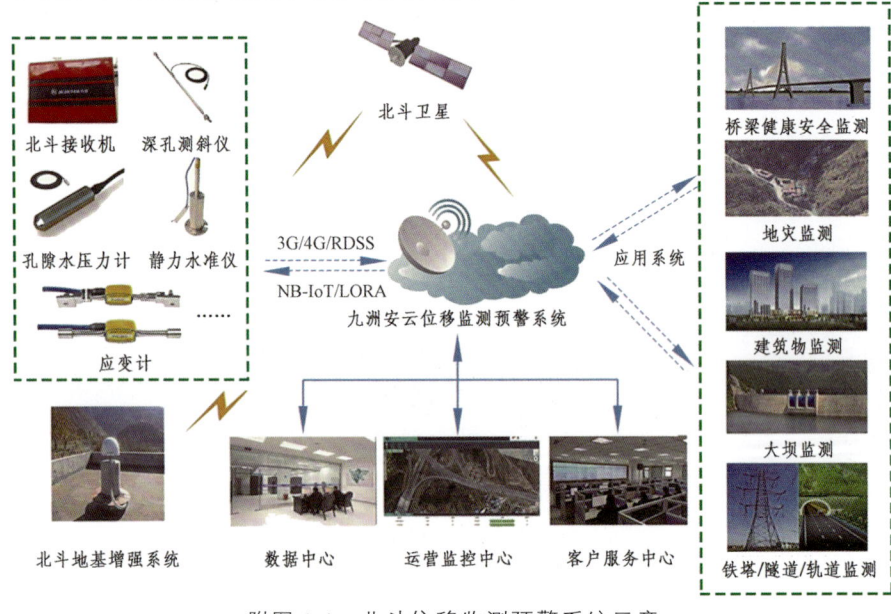

附图1-1 北斗位移监测预警系统示意

附录

附图 1-2 全域综合监测平台

◆ 应用案例

2017年7月,安装在广巴高速上的北斗位移监测系统发出灾害预警(附图 1-3、附图 1-4),提示高速路边坡有滑坡的风险,相关部门收到预警后及时采取措施引导车辆规避。一周后,道路边坡果然出现了崩塌,但由于预警和措施都很及时得当,成功地避免了人员伤亡和财产损失。

附图 1-3 GNSS 监测站　　附图 1-4 地灾监测点灾害预警

附图 1-5　边坡崩塌现场

山体在出现垮塌前通常会出现先兆，一般先是几毫米，过几天达到几厘米，当达到几分米后，灾难往往在几小时甚至几分钟内就要降临。北斗系统正是利用自身精准的定位功能，通过实时监测，关注危险地带出现的"毫厘之差"，及时发出预警，从而能够提前采取措施，保护人民生命财产的安全。目前，这项技术已经在四川近 600 个地质灾害隐患点推广使用。

◆ 推广前景

九州北斗位移监测预警系统会对灾害进行实时的全天候监测，只要有情况，它就会触发报警，达到快和准确的要求，人防加技防结合，起到双重保险的作用，可以最大限度地保障人民群众的生命财产安全。

二、四信地质灾害监测预警系统在贵州印江一村落的应用

◆ 系统介绍

地质灾害预警预报系统包含地质灾害数据管理系统、地质应急防治一张图系统、地质灾害调查评价系统、地质灾害群测群防系统、地质灾害监测预警系统、地质灾害避让及治理系统、地质灾害 GIS 系统 7 个子系统。系统集成如附图 2-1 所示。

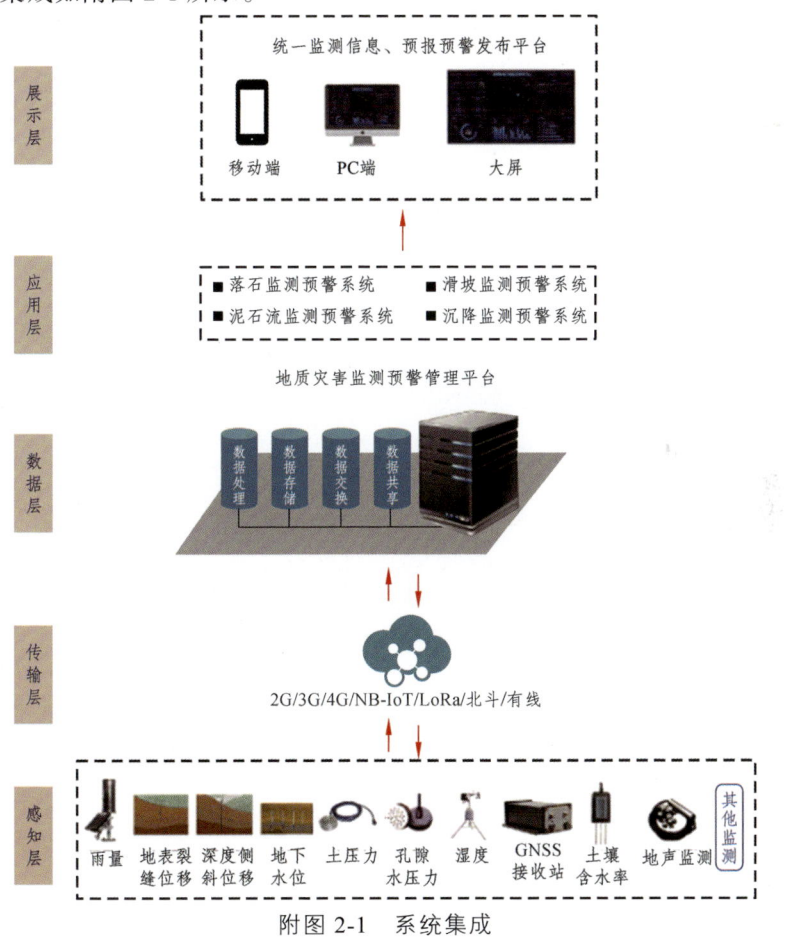

附图 2-1　系统集成

1. 地质应急防治一张图系统

集中展示了基础地理地质、影像、水利、气象、专业监测点和地质灾害隐患点分布专题图等。根据分析和设置的阈值把隐患点、监测点的预警信息通过信息推送、短信、电子邮件、广播预警等方式通知区县各个部门。

2. 地质灾害监测预警系统及群芳系统

实现对专业监测点及预警信息的直观展示，提供监测点分布状况查看、监测仪器布置情况信息查看等功能；实现监测数据和监测视频的展示；实现多角度的监测数据（图表）查看机制，可通过多种方式查看监测数据内容；实现将现有的所有服务资源注册、入库、管理、发布和应用，并且支持横向各单位服务信息的接入和发布，实现上下贯通、左右互联的信息资源共享。

地质灾害预警系统如附图 2-2 所示。

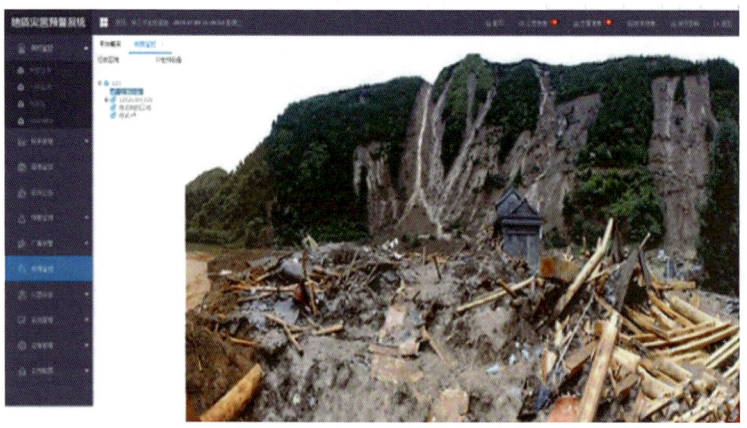

附图 2-2　地质灾害预警系统

3. 地质灾害 GIS 系统

构建以地质环境各类基本信息的浏览、查询、展示，可快缩放漫游到区域和局部、微观尺度，查看地质灾害的数量、规模及分布状况、监测预警工作网络、矿山地质环境、地质环境项目、地质遗迹、地下水等分布信息以及空间分析计算等综合 GIS 工作台。

4. 移动应用系统

用户可随时随地通过手机应用程序查看授权监测站点监测动态，包括监测点的最新偏移量、站点相关信息、历史偏移查询、监测区域实时监控，群测群防的巡查、灾情及险情预警信息等内容。

◆ 应用案例

贵州印江一村落在早年初次发生滑坡后，便多次频繁产生小范围滑坡。对滑坡危险区内的 298 户、320 栋房、1118 人的生命财产安全构成重大威胁。由于治理难，滑坡区大且搬迁难等问题，需要能够提前预警，保证居民生命及财产安全。

在隐患点安装深部位移传感器，如附图 2-3 所示，实时监测地表位移，对泥石流和滑坡通过遥测终端 F9164 进行实时传输到预警平台，当监测数据超过正常值，平台立即向各个村部广播系统 F9103 发送预警信息。

附图 2-3　位移传感器

监测站如附图 2-4 所示。

附图 2-4　监测站

◆ **推广前景**

　　四信地质灾害监测预警系统能够提前预测泥石流滑坡，及时通过广播预警通知村民撤离，保护人民财产安全。且目前在运用的案例中，预警平台运行良好，设备正常运行，有很好的推广前景。

三、华测旋翼无人机在茂县滑坡泥石流应急救灾及地灾中的应用

◆ 系统介绍

崩塌、滑坡、泥石流等突发性地质灾害，具有爆发周期短、威胁性及破坏性显著、成因复杂等特点，传统的航空摄影和常规的监测方法无法做到时效性和直观性的有效统一，在突发地质灾害来临时，难以提供灾情的动态监测和有效保障。

无人机凭借其灵活性和非接触特性，能够深入受灾区域，利用倾斜摄影技术为救援提供快速、可靠、直观的三维实景模型数据，实现地质灾害应急管理、灾情评估等任务，为灾后重建提供地理信息依据。

P550 六旋翼无人机航拍测绘系统，机身设计新颖、轻巧，体积小、重量轻、飞行平稳、机动灵活、空中阻力小、目标特性小、飞行噪声低等特点，如附图 3-1 所示。

DG3 五镜头相机具有重量轻、体积小、焦距合理、兼容性高、维护成本低等一系列优点，且 DG3 内置散热和除尘系统，能够保证相机在高温环境下长时间作业，如附图 3-2 所示。

附图 3-1　P550 六旋翼无人机　　附图 3-2　DG3 五镜头相机

◆ 应用案例

四川茂县新磨村位于茂县西北部，属于青藏高原挤压四川盆地的东缘地质能量聚积区。2017 年 6 月 24 日 5 时 38 分 55 秒发生了山体滑坡，造成了重大的生命财产损失。

考虑灾害体存在不稳定性易发生二次灾害，2019 年 5 月 8 号应国家应急部邀请，采用旋翼无人机再次对滑坡体进行勘测分析，如附图 3-3 所示。

附图 3-3　勘测现场

作业区域地面的海拔高度为 2500 m 左右，滑坡体顶端到地面约有 1000 m 高，同时在滑坡破裂区域的后面还有超过 1300 m 高的山。无人机勘测航线规划如附图 3-4 所示。

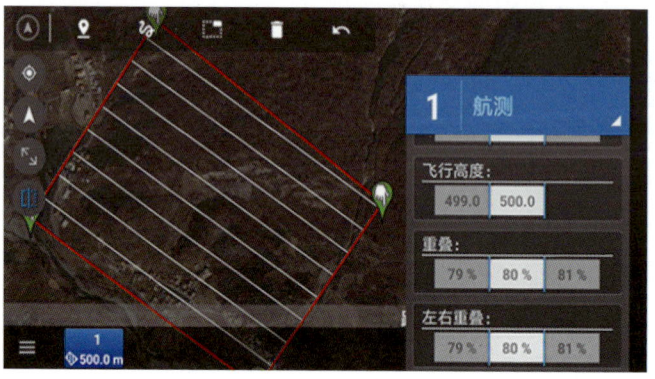

附图 3-4　航线规划

通过无人机的勘测，得出茂县滑坡体三维图，如附图 3-5 所示，并对其滑坡受损面积和体积进行了精准测量，如附图 3-6 所示，从而进行地质灾害解译和孕灾背景分析，为灾后重建提供地理信息依据。

附图 3-5　茂县滑坡体三维图

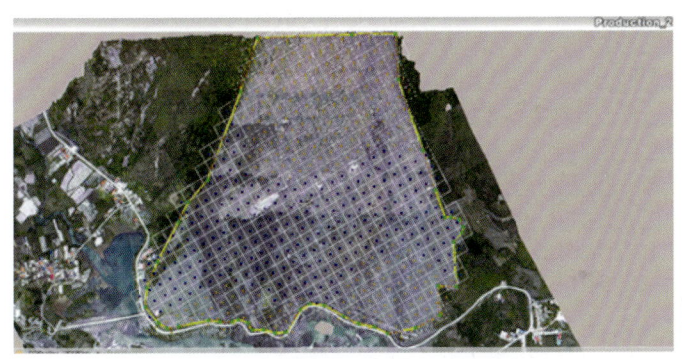

附图 3-6　量测滑坡体面积及体积

◆ **推广前景**

　　无人机低空摄影系统能快速获取高质量、高分辨率的遥感影像，特别是在小区域、地貌和气象条件比较复杂的地区。通过无人机遥感影像数据的获取，数据处理而后生成数字高程模型（DEM）、数字正射影像图（DOM）和三维数字模型，再通过建立相关的地灾解译标志用以进行地质灾害解译和孕灾背景分析。为定量研究和分析地质灾害提供了基础数据，具有很好的推广前景。

四、公路边坡风险评估软件 RASlope 在双永高速梨子岭隧道滑坡中的应用

◆ 系统介绍

1. 系统集成

公路边坡风险评估软件 RASlope 设计由 4 个界面集成,分别为 RASlope 主界面、权重向量计算界面、隶属度分配界面及评估结果查看界面,如附图 4-1 所示。

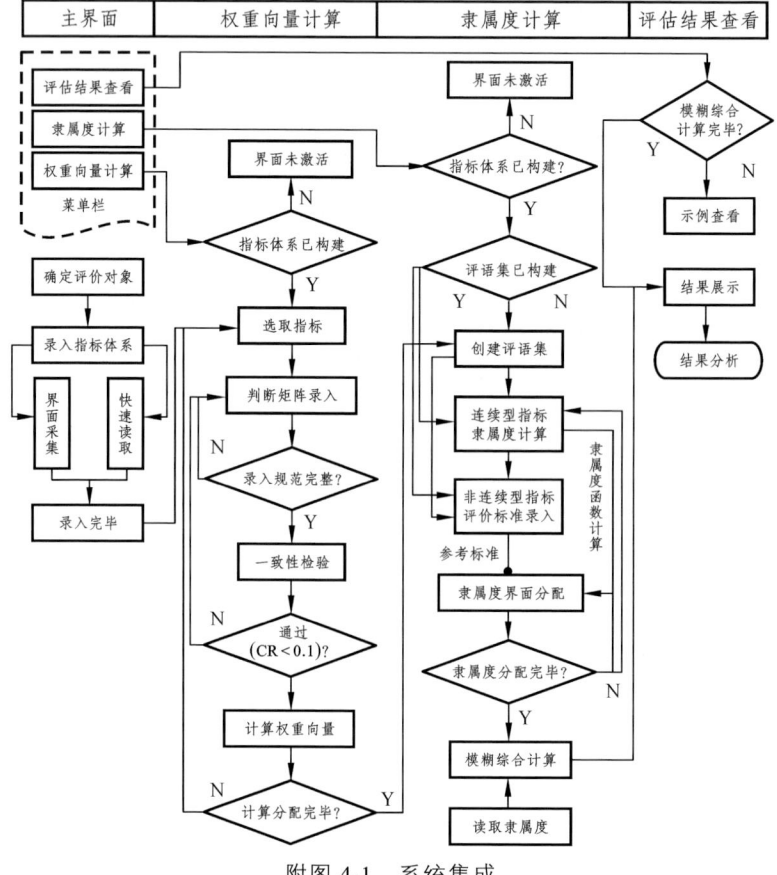

附图 4-1　系统集成

2. 主体功能介绍

软件主体功能指供评价者完成评估步骤，通过软件操作实现数据的录入与输出，最终得出评估结果，如附图 4-2 所示。ASlope 主界面用于明确评价对象、构建评价指标体系。权重向量计算界面旨在完成判断矩阵录入、特征向量计算、一致性检验，最终得出权重向量。隶属度分配界面实现风险评语集构建，指标隶属度计算、分配并保存，菜单栏提供风险评价结果计算并跳转至结果查看界面功能。结果查看界面通过数字及饼图方式直观地呈现评价结果，界面仅供查看，不予编辑，如附图 4-3 所示。

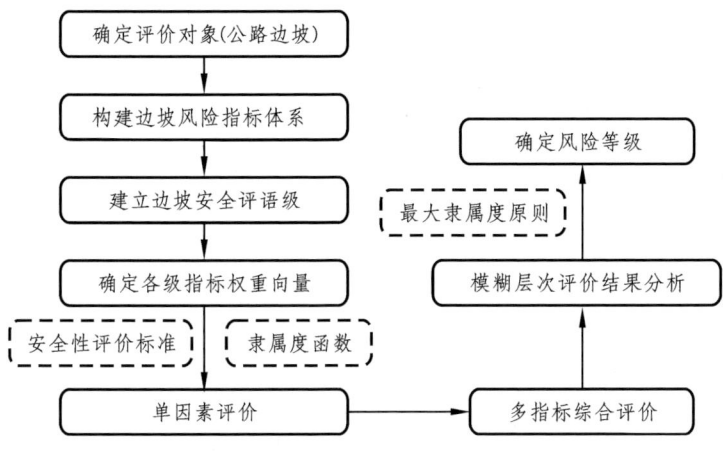

附图 4-2　公路边坡模糊层次风险评估步骤

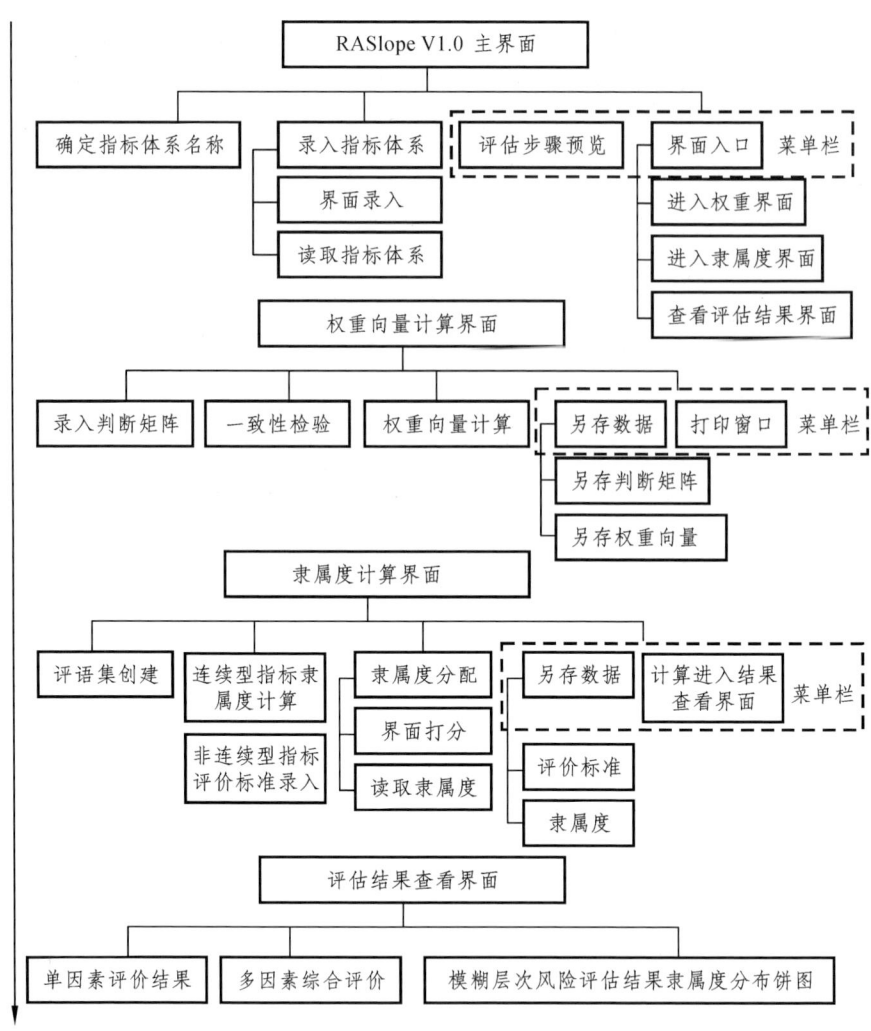

附图 4-3　RASlope 各界面功能

◆应用案例

双永高速公路梨子岭隧道进口滑坡位于龙岩市永定区下洋镇,由于隧道仰坡开挖及隧道掘进爆破,诱发产生工程滑坡,属典型邻近构筑物公路边坡失稳问题,通过 RASlope 软件完成治理前后状态的风险评估工作,并进行结果分析与讨论,如附图 4-4 所示。

附图 4-4　梨子岭隧道进口滑坡场区全貌

为治理该滑坡，对滑坡体进行卸载刷方，组织坡面，构筑截排水系统，并迁离电塔，对滑体前端及隧道洞身围岩施加钢花管注浆工程加固，滑坡中下部布置预应力锚索及微型桩加固，对隧道及洞口桥台进行结构修复及变形监测。

滑坡工程地质模型如附图 4-5 所示。

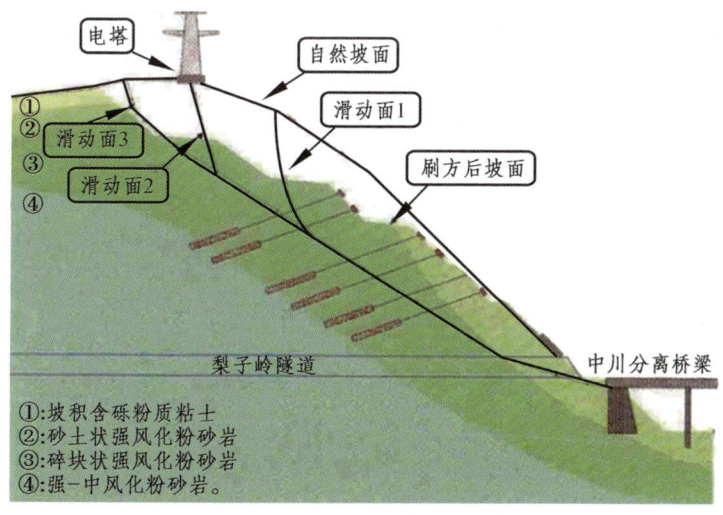

附图 4-5　滑坡工程地质模型

在 RASlope 主界面确认评价对象，填入指标体系名称，将已构建的指标体系通过对话框及 uitable（表格）录入软件系统。

梨子岭隧道进口滑坡工程治理后模糊层次总评价结果 B 隶属度分布为 0.5182、0.2520、0.1583、0.0715，滑坡在施加工程措施治理后风险等级转化为安全状态（隶属度=0.5182）。

评价结果界面如附图 4-6 所示。

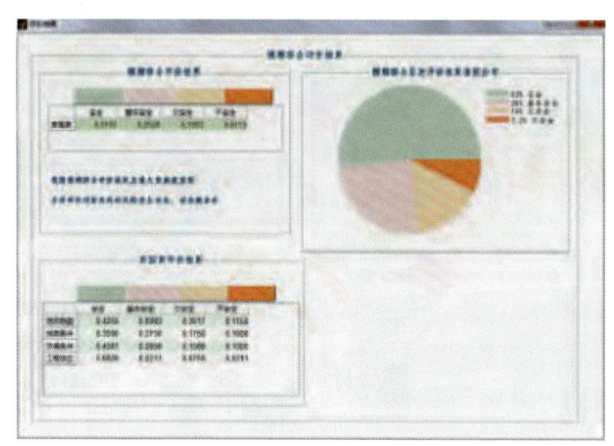

附图 4-6　评价结果界面

◆ **推广前景**

　　软件供评价者串联完成整个公路边坡风险评估步骤，计算及分析评估结果，存储、读取，分享数据，提高了整个风险评估过程的紧凑性和系统性，规避繁杂的人工计算，确保评估结果准确性的同时提高了工作效率，及时为公路边坡失稳机理分析及治理方案比选决策提供依据。

五、车载式城市道路塌陷灾害预警雷达系统及工程应用

◆ 系统介绍

预防和避免城市道路塌陷事故的发生,采用先进的高科技探测设备定期对城市道路进行普查探测,提前发现隐伏在地下的空洞,提前预警,及时采取措施处治排险,才能防患于未然。

城市下方隐伏空洞探测的传统方法是工程物探方法,如高密度电法、浅层地震法等,难于施展,应用效果差。

RDFR-V01 车载式道路塌陷灾害预警雷达系统多通道大型雷达天线阵列为核心,集成了 RTK 精确坐标定位系统和高清视频、图像采集系统,可快速实现对城市道路的全覆盖地毯式普查探测,及时发现地下隐伏空洞,预报、预警塌陷灾害。

RDFR-V01 车载式道路塌陷灾害预警雷达系统结构如图 5-1 所示:

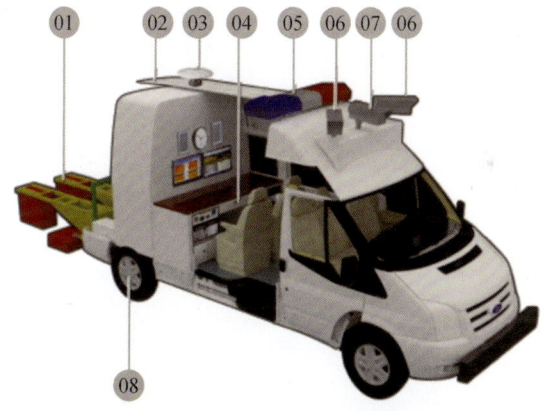

①天线阵列 ②后视探头 ③RTK高精度GPS ④系统主控制台
⑤警示灯 ⑥红外高清摄像机(正交) ⑦路面激光线扫描高清工业相机
⑧光电编码距离传感器

图 5-1 RDFR-V01 车载式道路塌陷灾害预警雷达系统结构图

(有效探测宽度 3.75 m,探测巡航速度每小时 10~20 km)

◆ 工程案例

1. 哈尔滨市

2012年9月,哈尔滨市集中爆发道路塌陷,高峰时7天内塌陷8处,死亡2人,伤2人,两车坠坑。该次道路塌陷主要原因是大量地下老旧人防洞室集中垮塌、地铁施工扰动造成排水管线破坏泄漏,水流冲刷流土,形成大量地下空洞。

采用RDFR-V01车载式道路塌陷预警雷达系统后,一周时间内完成了市区地铁沿线和重点区域的大直街、中山路、长江路、花园街、北京街、嵩山路、邮政街、民益街二十余条重点危险街路的普查探测,为防控和处治理塌陷灾害提供了可靠的数据支持和决策支持,如附图5-2~附图5-4所示。

附图5-2 中山路普查探测现场

附图5-3 邮政街复核探测现场

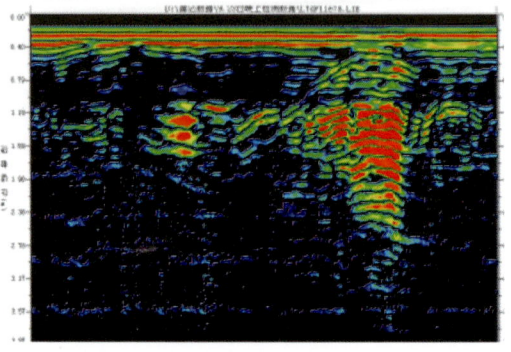
附图5-4 邮政街地下空洞异常图像

2. 太原市

太原市区地下为湿陷性黄土地层，同时市区主要干道下方密布的老旧人防工事，逐年开始进入集中垮塌期，造成上部土体扰动并为流土提供通道和空间，使管线破坏渗漏，泄漏出的水使湿陷性黄土发生塌落，加速流土和空洞的形成，造成地表塌陷事故。

2013 年 6 月底 7 月初，对太原市双塔西街南沙河以东路段、青年东街、滨河西路长风桥段、并州东街、建设路进行了道路塌陷灾害的普查探测，发现多处空洞异常反应，并经复核检测确定的异常点位，如附图 5-5 所示。

附图 5-5　太原市并州东街普查探测现场

太原市双塔西街地下空洞异常反应的多通道雷达图像、对应位置地表环境视频、异常点在实景地图的坐标位置，多信息集成显示如附图 5-6 所示。

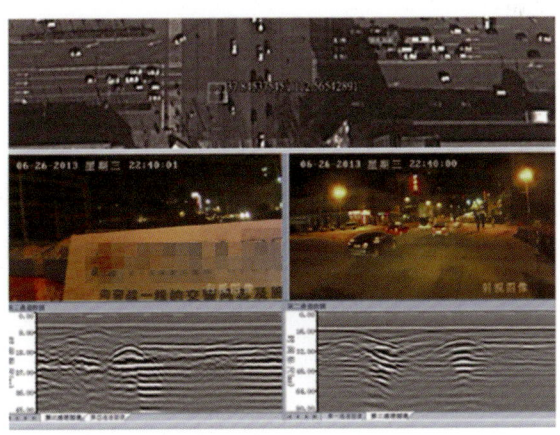

附图 5-6　多信息集成显示

◆ **推广前景**

该系统可最大限度地捕获目标体空间信息和特种信息,极大地提高了雷达探测和识别的质量、效率;具有现场实施方便、抗外部环境干扰、作业快速便捷、探测效率高、分辨率高、实施成本低廉等优势,成为城市道路塌陷灾害普查探测的首选技术手段和唯一现实可行的方法。

六、公路隧道典型表观病害实时自动监测与预警关键技术与装备

◆ 系统介绍

公路隧道典型表观病害实时自动监测与预警系统基于视频图像智能分析技术，对监测对象采取非接触式监测，能够对隧道的裂缝、渗漏水、掉块、路面破损以及照明环境进行长期监测，实现隧道表观病害的 7×24 小时监测，动态掌握病害的技术状况，当病害危及交通安全时及时发出预警信号，如附图 6-1 所示。

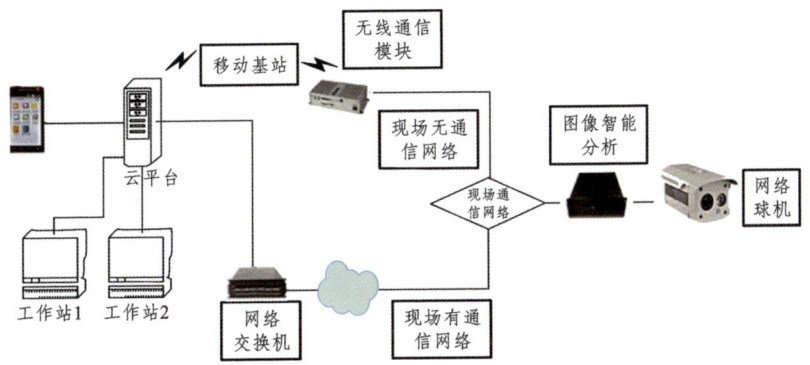

附图 6-1　公路隧道典型表观病害实时自动监测与预警系统

前端采集设备如附图 6-2 所示。

附图 6-2　前端采集设备（挂壁式非接触监测）

监测与预警系统主要功能是衬砌裂缝宽度、长度、分布监测预警,潜在掉块、掉块区域特征值测量与报警,衬砌漏水、渗水检测与预警,路面破损区监测及破损面积预警,如附图6-3、附图6-4所示。

系统平台对抓拍到的病害进行检测,以下是对漏水、开裂、渗水、路面亮度及平整度的检测对话框,如附图6-5、附图6-6所示。

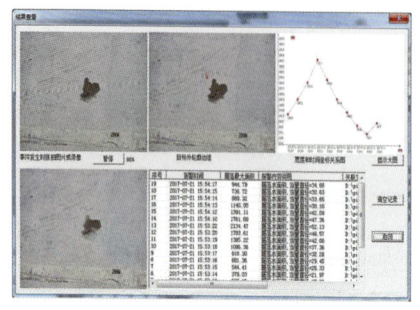
附图6-3 衬砌漏落水

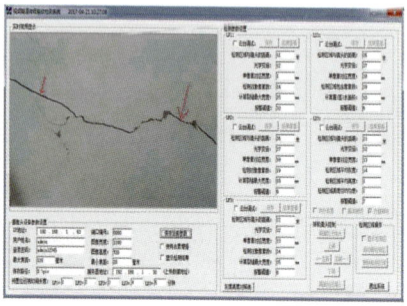
附图6-4 衬砌开裂

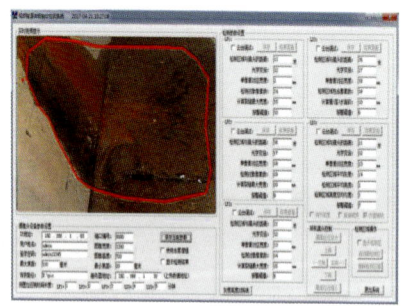
附图6-5 衬砌及路面渗水

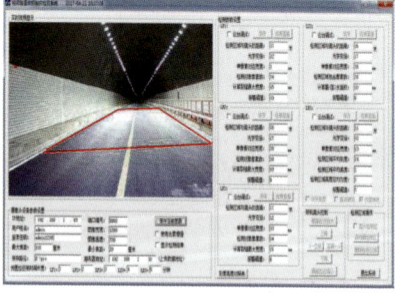
附图6-6 路面亮度及平整度

◆应用案例

长冲隧道位于S103省道K12+200~K14+200,全长2000 m,属双向行驶长隧道。进口位于重庆市南岸区广阳镇银湖村,穿过明月峡背峡,出口为巴南区木洞镇水口寺村,如附图6-7所示。

附图 6-7　长冲隧道

自 2010 年建成通车以来，该隧道内出现多处衬砌开裂、涌水、路面破损等结构病害，如附图 6-8 所示。

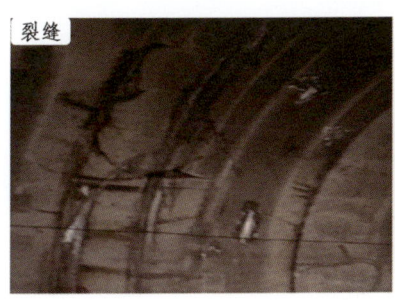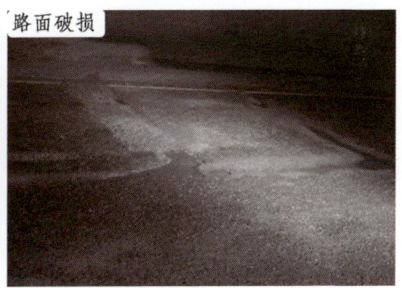

附图 6-8　公路隧道典型表观病害

为此，于该隧道安装了公路隧道典型表观病害实时自动监测与预警系统，如附图 6-9、附图 6-10 所示，实现 24 小时实时监控与预警，发现病害及时解决，保证了后续行车安全。

附图 6-9　设备安装现场　　　　附图 6-10　核心分析模块

七、工程结构安全智能监测云
——助力四川雅西抢险

◆ 系统介绍

工程结构安全智能监测云提供了贯穿结构全寿命周期的安全风险辨识分析、系统部署运维、自动预警与应急响应、智能评估与决策支持的服务新模式,能够对桥梁、隧道、边坡及房建工程的技术状态和运营安全风险进行全天候监测,安全预警准确率超过 80%,多次化解了重大安全风险事件。

监管平台如附图 7-1 所示。

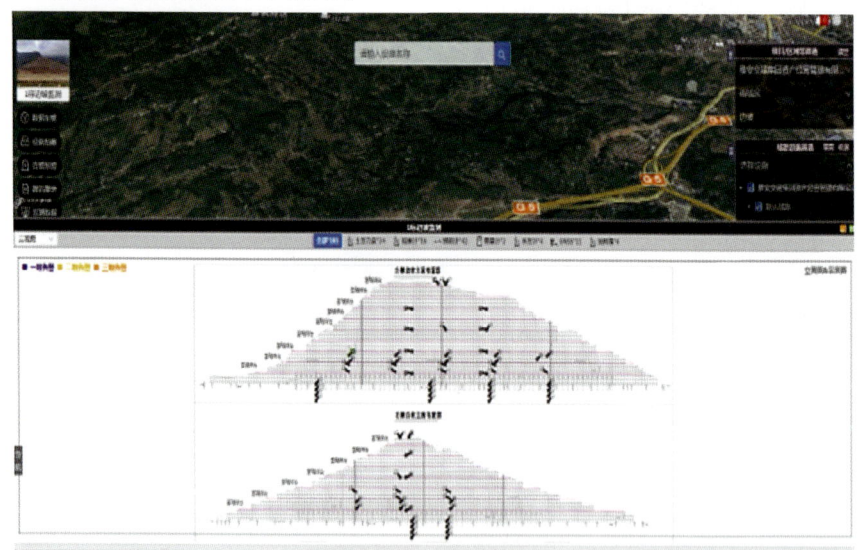

附图 7-1　监管平台

◆ 应用案例

公路桥梁、隧道和边坡工程在常年高负荷运行下会"积劳成疾",也会因地震、山洪、泥石流、崩塌等自然灾害导致突发险情。2020 年 9 月 20 日,雅西高速公路姚河坝大桥处突发高位塌方,造成雅西高速公路和 G108 国道道路中断,如附图 7-2 所示。

附录

附图 7-2 姚河坝大桥处高位塌方

技术人员对面临姚河坝大桥崩塌体正面冲击风险的左幅桥进行了智能监测，主要监测桥墩的倾斜度、梁体的位移情况，以及裂缝宽度的发展变化等，如附图 7-3、附图 7-4 所示。监测指标一旦超过预警值，工程结构安全智能监测云平台就会自动通过短信、微信向现场人员发布预警消息，尽最大可能减少损失。

附图 7-3 技术人员进行智能监测

附图 7-4　梁体及桥墩监测

在工程结构安全智能监测云智能监测系统的辅助下，雅西高速姚河坝断道处于 6 天后恢复单幅双向通行，为施工及行车安全保驾护航。

◆ 推广前景

　　工程结构安全风险监测可争取在灾害对桥隧等工程结构造成破坏前，及时预警和快速响应，避免或减少生命财产损失。同时，可以及早发现桥隧结构自身病害和安全隐患，并为病害成因分析和维修加固处治提供技术依据，及时采取相关处治措施，将安全隐患消除于萌芽状态，应用前景广阔。

八、DASP-MTS 监测系统在安庆长江大桥健康监测中的应用

◆ 系统介绍

DASP-MTS 监测系统该监测系统是一套完全基于局域网和互联网的大型监测和测量网络系统，可实现对多台动静态信号测量仪器进行统一管理（远程控制现场采集设备各项参数，查看历史数据、历史趋势，在线分析等功能），最大限度地解决远程监控的问题。

DASP-MTS 监测系统如附图 8-1 所示。

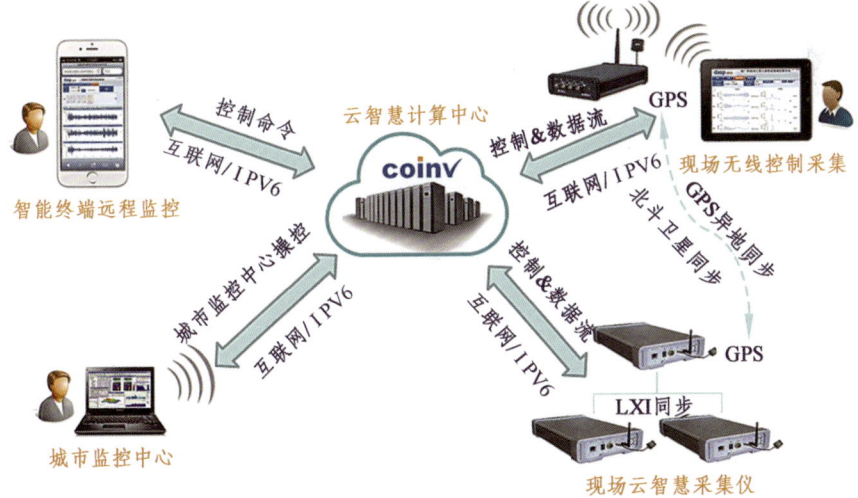

附图 8-1 DASP-MTS 监测系统框架

该系统适用于对大型场区的机械设备、风能机组、采矿设备以及桥梁、铁路等，监测量则涵盖振动、噪声、应变、转速、温度、压力、风速、载荷等各种动静态信号。

◆ 应用案例

安庆长江大桥是南京至安庆城际铁路和阜阳至景德镇铁路的重要组成部分。采用双塔钢桁斜拉桥方案，全长 1363 m。主梁为三片朱桁的钢桁

架结构，主塔采用钢筋混凝土结构，桥面以上为倒 Y 形，桥面以下内收为钻石形，塔高 300 m，斜拉索为空间三索面，立面上每塔两侧共 18 对索，全桥 216 根索。桥梁结构如附图 8-2 所示。

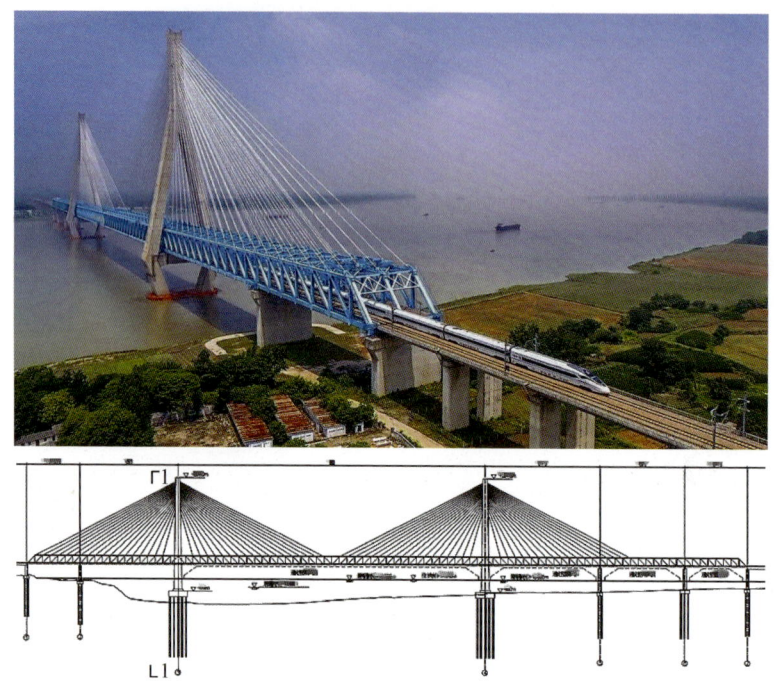

附图 8-2　桥梁结构

技术人员采用 DASP-MTS 监测系统实时监测桥跨结构在实际荷载下的工作状态，评价其在设计使用荷载下的工作性能，为建立桥梁维护管理档案提供动力学参数。

其次，分析桥梁结构的安全状况、评价其承受静、动态荷载的能力和结构的安全可靠性，为运营及管理决策提供依据。

1. 监测内容

该项目使用数台 INV3062V 24 位分布式数据采集仪，监测包括振动、索力、位移、温度、速度、倾角、风速风向等项目在内的数十路信号。现场安装如附图 8-3、附图 8-4 所示。

附录

附图 8-3 仪器箱现场安装

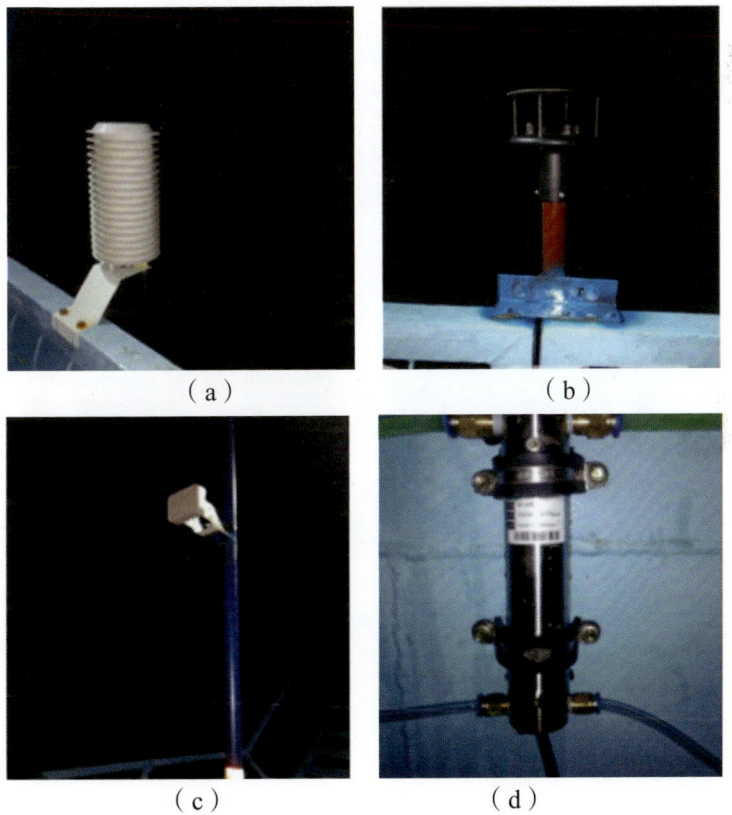

(a)   (b)

(c)   (d)

- 165 -

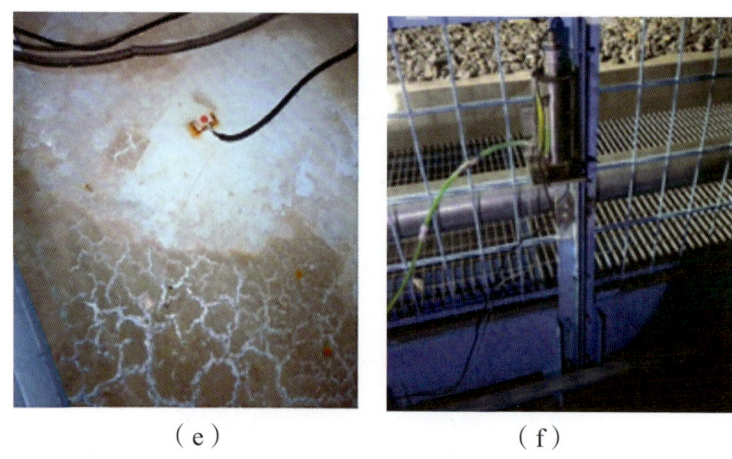

（e）　　　　　　　　　　（f）

附图 8-4　现场安装细节图（风速风向、大气温湿度、倾角、水准仪等）

2. 监测平台

安庆长江大桥健康监测主界面如附图 8-5 所示。

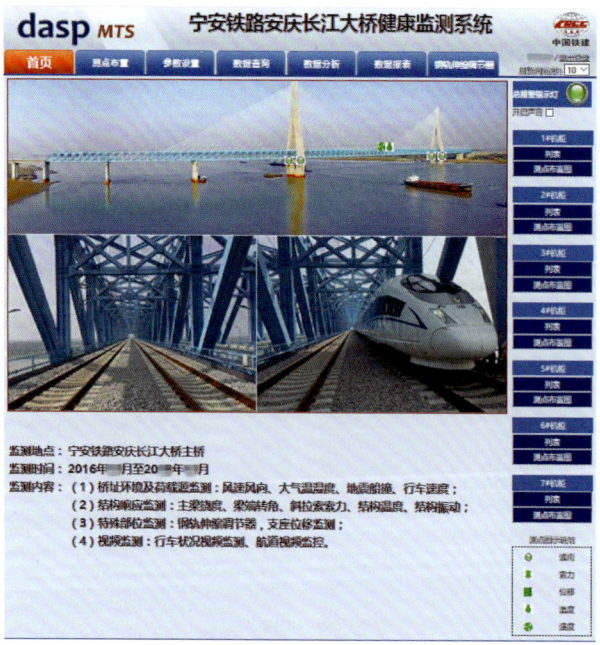

附图 8-5　宁安铁路安庆长江大桥健康监测系统

附录

该套监测系统特色如附图 8-6 ~ 附图 8-11 所示：

（1）实时查看各测点的数据及报警信息。

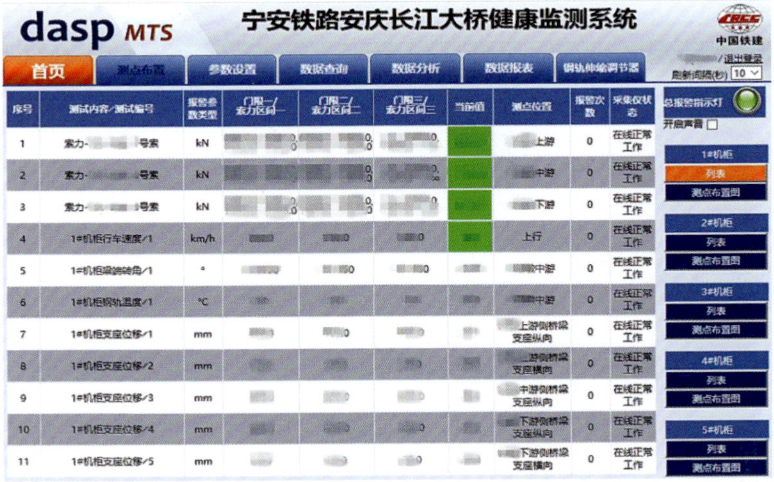

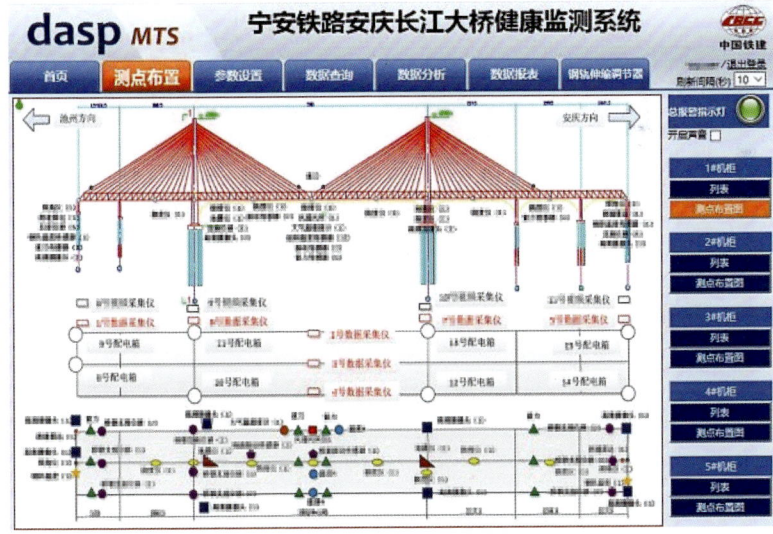

附图 8-6　宁安铁路安庆长江大桥各测点数据

（2）可详细列出监测系统的监测参数以及其在整个桥梁上的分布状态。

附图 8-7　宁安铁路安庆长江大桥检测参数

（3）可远程控制各采集仪参数设置（采样参数、通道参数）。

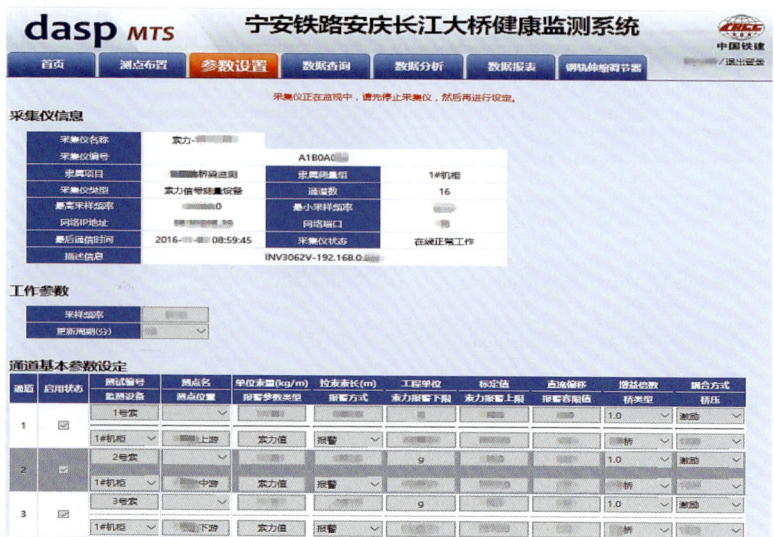

附图8-8　宁安铁路安庆长江大桥检测参数设定

（4）实时查看现场数据情况，掌握现场状况。

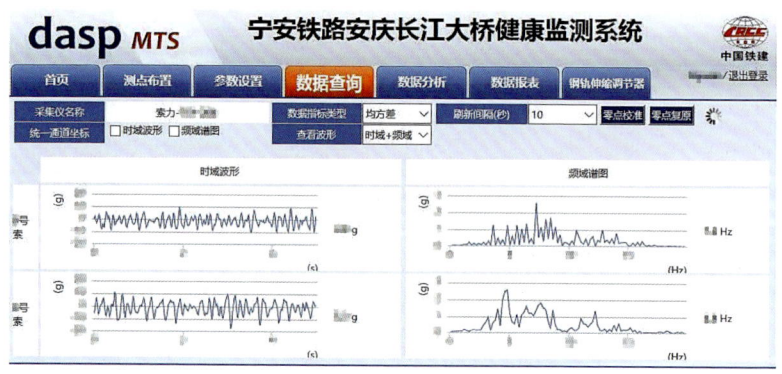

附图8-9　宁安铁路安庆长江大桥现场数据情

（5）可通过"历史趋势"功能，掌握某个监测量随时间变化的变化趋势，用于研究被测结构的特性。

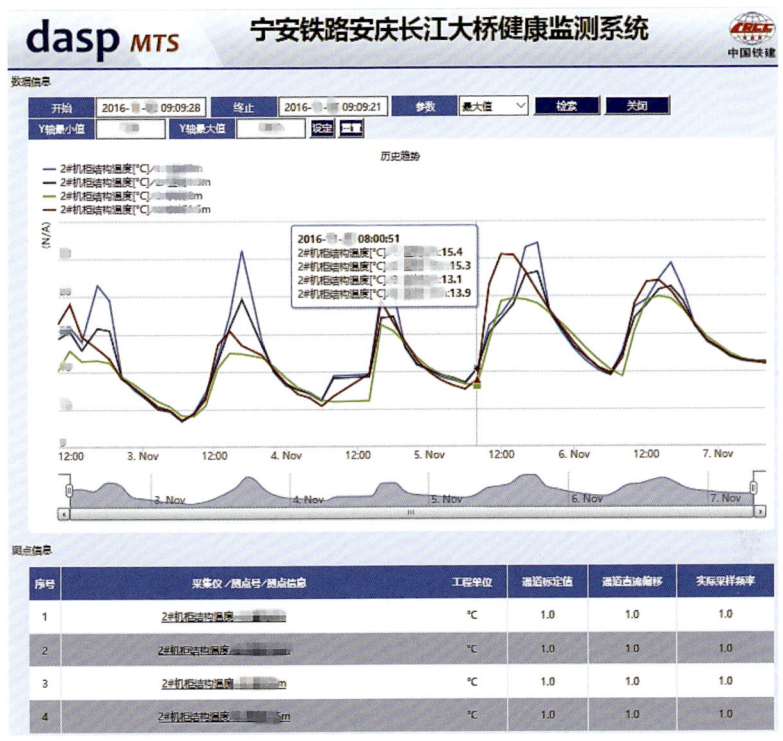

附图 8-10　宁安铁路安庆长江大桥监测量随时间量变化数据

（6）可通过"报警查询"功能，掌握某个监测量在规定时间段内有无超出预警值，并记录超出预警值的时刻和量值，方便迅速排查原因。

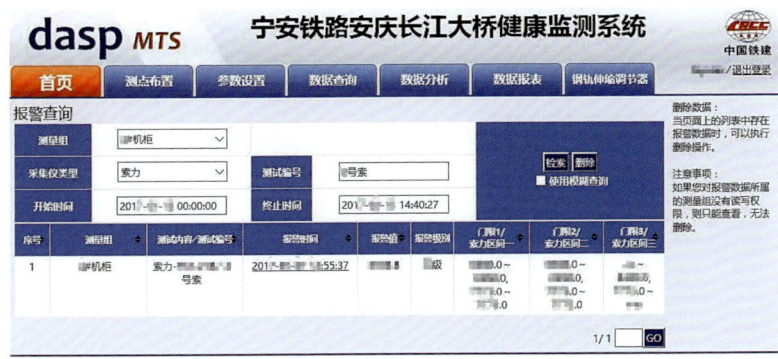

附图 8-11　宁安铁路安庆长江大桥"报警查询"

（7）可通过"数据分析"功能，在云端对时域数据进行谱分析。

（8）可通过"数据报表"功能，自动生成规定格式的"日报""周报"。

◆ **推广前景**

　　本系统是基于云智慧框架的监测系统，不仅可远程查看现场实时数据，而且可以远程控制现场采集设备各项参数，查看历史数据、历史趋势、在线分析等功能，完全实现了云计算、云存储、云分析，真正达到了"坐在家里"就能监测的效果，具有较好的推广前景。

九、GNSS 北斗桥梁形变监测技术在贵州清水河大桥健康监测中的应用

◆ 系统介绍

GNSS 桥梁实时变形监测系统是一个集北斗高精度定位、计算机技术、通信技术于一体的综合系统工程，由前端数据采集设备、供电设备、传输设备、监控中心和移动手机应用程序组成，前端的数据采集主机将采集到的视频图像、倾角计、位移计、位置对比等数据通过无线方式传输到监控中心，当出现警情时会发出预警信息，如附图 9-1 所示。

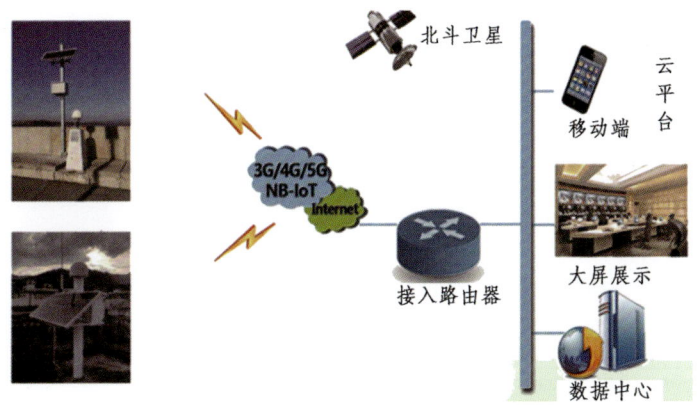

附图 9-1　GNSS 桥梁实时变形监测系统运作模式

该系统可直接提供监测点三维坐标及其绝对或相对变化量，没有量程限制，实现 24 h 不间断监测，精度高，效率快，增强对桥梁结构检测可靠度。

◆ 应用案例

贵州清水河大桥是世界最大单跨板桁结合加劲梁悬索桥、亚洲第一山区双塔单跨钢桁梁悬索桥，该桥全长 2171.4 m，主跨 1130 m，其桥面至谷底深达 406 m，是目前世界第二高桥，仅用了三年时间就建工完成，如附图 9-2 所示。

附图 9-2　贵州清水河大桥

大桥横跨清水河大峡谷，地处特殊的喀斯特地貌，气候、地质、地形都非常复杂，大型材料无法采用传统的垂直起吊法，施工人员只能像搭积木一样，将所有材料化整为零，施工难度高。

建设方采用华测 GNSS 桥梁实时变形监测系统开展桥梁健康形变监测。根据大桥的结构、工程规模、工程特点以及工程所在地的气象地质条件，对桥梁墩台沉降观测、桥面线性与挠度观测、主梁横向水平位移观测、高塔柱摆动观测等四大桥体的自动化实时形变进行监测与分析。

北斗桥梁监测设备 N72net 及安装如附图 9-3 所示：

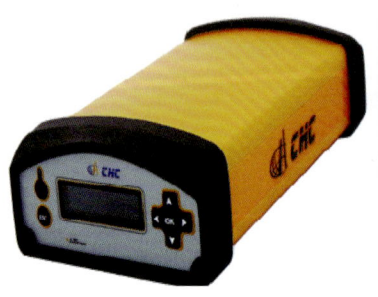 

附图 9-3　北斗桥梁监测设备 N72 net 及安装

桥梁观测点模拟如附图 9-4 所示。

附录

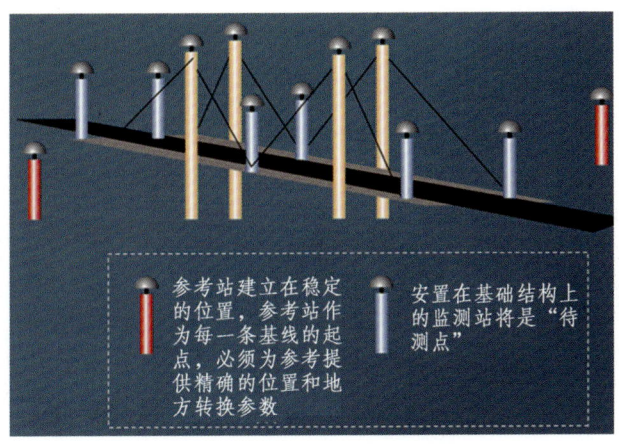

附图 9-4　桥梁观测点模拟示意

根据大桥情况，在主塔顶布设 2 个 GNSS 监测站，分别为开阳侧桥塔监测点 GNSS-T01-001 和瓮安侧桥塔监测点 GNSS-T03-001。主桥梁部分布设 4 个 GNSS 监测站，分别为主跨 1/4 处监测点 GNSS-G03-001、主跨 1/2 处监测点 GNSS-C01-001 和 GNSS-C01-002、主跨 3/4 处监测点 GNSS-G05-001。具体点位布设位置如附图 9-5 所示。

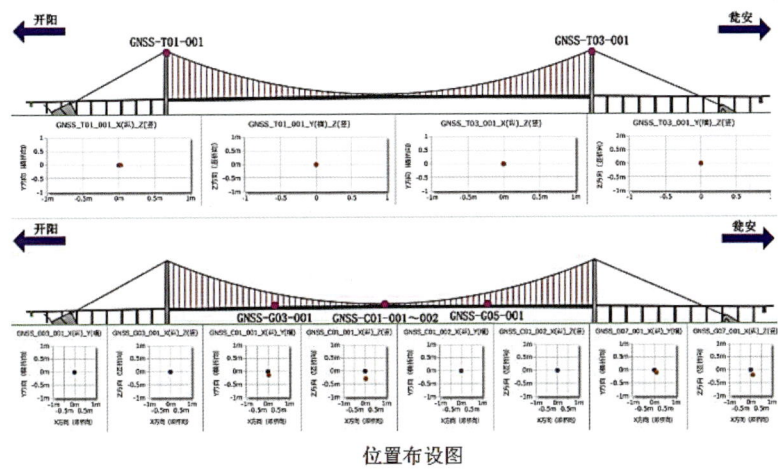

附图 9-5　大桥具体点位布设位置

该系统从施工至运营以来，为整个工程节省了大量人力物力财力，保证了大桥运营的健康、安全。

◆ **推广前景**

　　桥梁 GNSS 监测系统可用于实时在线监测桥梁的各种需要监测的量值。数据传输到本地服务器，本地永久储存，数据实时查看监测，历史数据随时可查。数据上传云端永久备份，并且通过云端嵌入的学习算法和模型，对桥梁的各项监测数据进行分析，综合评估桥梁的健康状况，有效预警、防范和遏制重大事故发生，为用户组织抢险，疏散影响区域人群赢得时间，减少事故伤亡和财产损失。

十、合成孔径雷达干涉测量（InSAR）技术在城市地表沉降监测中的应用

◆ 技术介绍

城市地表沉降与塌陷是一种常见地质灾害现象，不均匀的地面沉降会严重威胁到城市建筑物以及公路、桥梁等基础设施的安全。

合成孔径雷达干涉测量（InSAR）技术利用遥感卫星多时相的复雷达图像相干信息进行地表的垂直形变量的提取，其精度能达到毫米级，即使在环境恶劣、交通困难的地域也能全面快速获取地质灾害的空间分布情况，对灾害的预警和防治提供指导性帮助。

技术流程如附图 10-1 所示：

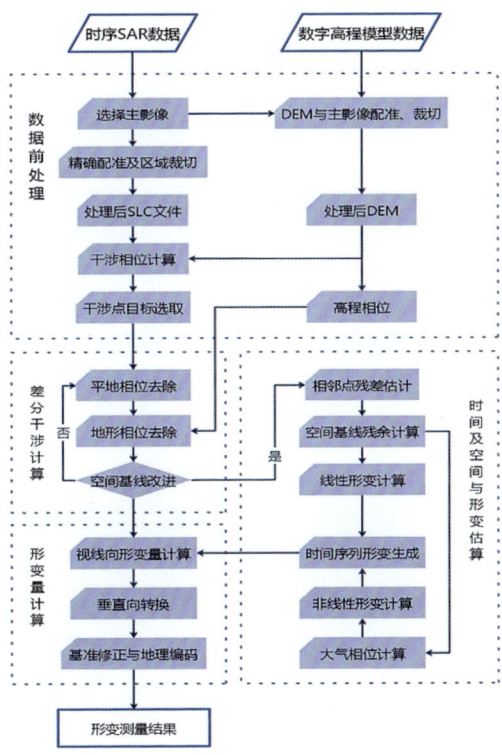

附图 10-1　技术流程

该技术使用在不同时间获取的同一区域的两幅 SAR 图像,并对它们进行"干涉"(差异),从而产生称为干涉图的地图,显示两个时间段之间的地表位移/距离变化(毫米级)。

◆应用案例

北京市通州区建设规模发展迅速,地表高层建筑密集分布、地下线性工程频繁建设,人为活动干预强烈,增加了局部地面荷载,导致区域内地表沉降发育显著,引发地裂缝次生灾害。

北京市地质环境监测总站等机构利用 InSAR 技术对通州区地表形变信息进行了获取,分析当前新水情与城市快速发展背景下,通州地面沉降的时空分布特征、不均匀性及其影响因素,为研究区后续地面沉降的防治和城市规划提供技术支撑。

年沉降速率及累计沉降量 InSAR 监测如附图 10-2 所示:

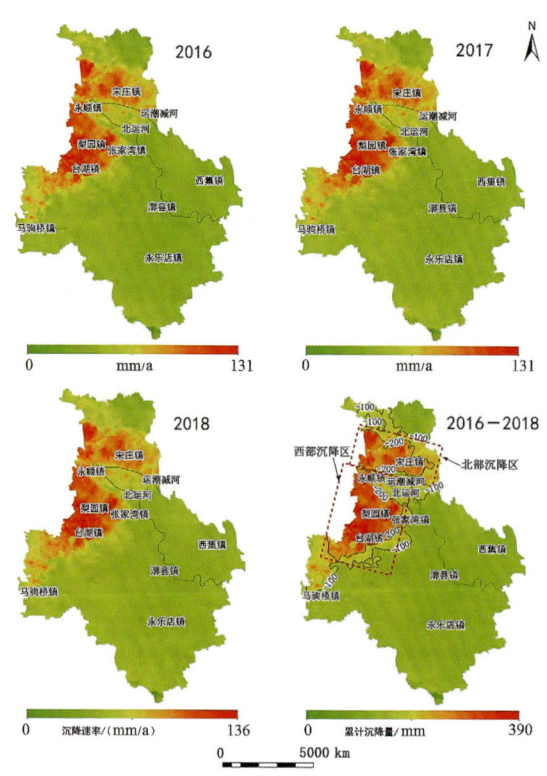

附图 10-2　北京市通州区 2016—2018 年沉降速率及累计沉降量 InSAR 监测成果

时间及空间尺度上的地面沉降分布特征统计结果如附表 10-1 所示。

附表 10-1 InSAR 地面沉降监测结果统计

年份	最大沉降速率/(mm/a)	最大沉降点位置	沉降速率 >100 mm/a		沉降速率 50~100mm/a		沉降速率 <50mm/a	
			面积/km²	占总面积比例/%	面积/km²	占总面积比例/%	面积/km²	占总面积比例/%
2016	131	台湖镇	34.46	3.80	168.5	18.60	703.4	77.6
2017	131	台湖镇	34.09	3.76	170.84	18.86	701.07	77.38
2018	136	梨园镇	34.14	3.77	168.22	18.68	702.64	77.56
累计	130	台湖镇	34.23	3.78	170.65	18.84	701.12	77.39

通州区地面沉降主要集中在西部和北部地区，沉降速率区间为 50~130 mm/a，并以 50 mm/a 沉降速率等值线划分为 2 个沉降区，每个沉降区内又分布着多个小的沉降漏斗，在区域上具有不均匀沉降的特征；东部和南部地区沉降较缓，沉降速率普遍小于 30 mm/a。

◆ 推广前景

InSAR 技术监测方法相较于水准测量和 GPS 测量而言，具有经济性、时效性等优点，尤其是在城市等地表构筑物较多的地区，还具有监测密度大的优势。因此，在地面沉降严重的城市地区开展利用基于 InSAR 技术的地面沉降监测工作，对政府部门细化地面沉降防控政策、优化地下水禁限采划分方案及合理规划具有积极的指导作用，应用前景广阔。

十一、新时代的路面结构——复合式路面

◆ 技术介绍

复合式路面是一种兼具刚-柔两种特性的路面结构,充分协同发挥了水泥路面和沥青路面的优点。广西在水泥路面加铺沥青罩面技术研发与工程实践方面开展了大量的工作,攻克了层间界面治理、罩面层沥青材料、罩面层施工工艺等关键技术,沥青罩面层厚度可根据工程需求和经济指标综合确定,其中水泥路面加铺薄层罩面是目前主流的发展方向,其不仅可弥补水泥路面的行车舒适性差、养护难度大等不足,而且通过减小层厚可降低沥青用量,典型路面结构为:基层+水泥混凝土板+界面层+沥青面层,如附图 11-1 所示。

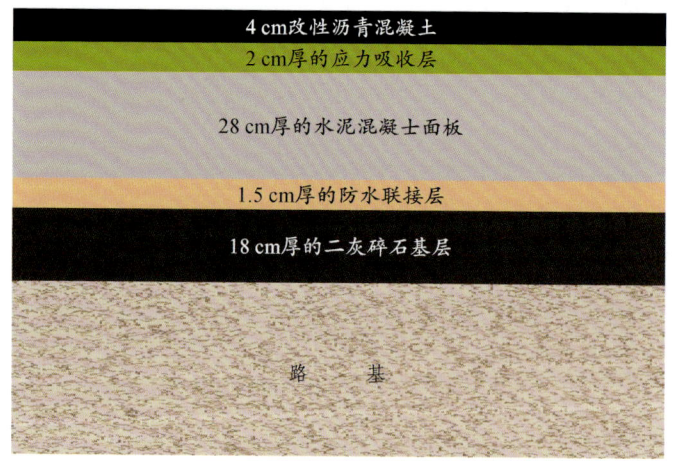

附图 11-1 薄层罩面复合式路面示意

复合式路面应力分布如附图 11-2 所示。

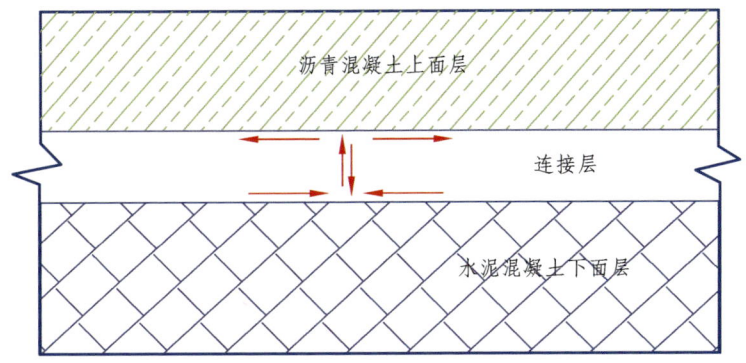

附图 11-2 复合式路面应力分布

复合式路面广泛应用于旧水泥路面养护加铺工程中，旧水泥路面在长期服役过程中逐步产生了裂缝、破碎板、坑洞、错台等病害，对驾驶人员的行车舒适性与安全性造成了隐患，及时采用复合式路面进行养护处治可有效提高路面寿命并且避免路面病害引发的行车安全事故。

◆应用案例

复合式路面已应用于广西柳州至南宁高速、隆林至百色高速、钦州至崇左连接线、南宁市和贵港市白改黑工程、南宁至北海高速公路改扩建工程、桂林至柳州高速公路改建工程、南宁市外环高速公路改扩建工程等高速公路和市政主干道的设计和施工中，涉及超 400 km 高速公路、超 300 km 市政公路，为总造价数十亿的工程建设保驾护航，如图附 11-3、附图 11-4 所示。

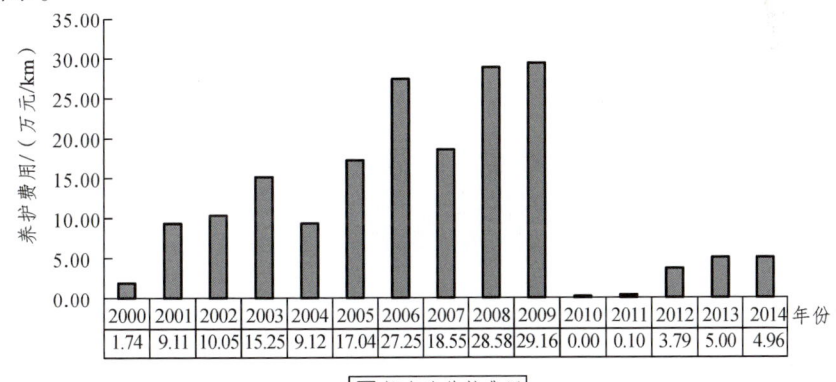

附图 11-3 柳南高速养护费用

附图11-4 柳南高速复合式路面应用

◆ 推广前景

  复合式路面结构是以"就地取材、降低成本、长寿命路面"为设计方案原则,采用复合式路面结构能够有效提升质量与降低成本。及时消除旧路病害造成的安全隐患。

十二、新一代高性能橡胶沥青成套技术

雨季行车安全事故发生率约为晴天行车的 5 倍，雨季路面湿滑，雨水在路面上会形成一层水膜从而降低轮胎的抓地力，导致车辆在转弯或者超车时发生失控。新一代高性能橡胶沥青已形成系列产品，包括适用于高速公路的 SBS-R 复合改性橡胶沥青、适用于应力吸收层或封层的高抗裂性橡胶沥青、适用于排水路面的胶粉复合改性高粘沥青等，采用废旧胶粉制备的橡胶沥青路面可有效增强路面与轮胎的摩擦力，雨天刹车不打滑，行车安全性显著提高；平整度优异，振动小、噪声小，行车舒适性好；同时具有良好的耐久性，长时间不掉粒、不褪色。这些特点大幅提升了沥青路面的行车安全性、舒适性和整体形象，使路面更黑、更美、更稳、更安全。

橡胶沥青生产如附图 12-1 所示。

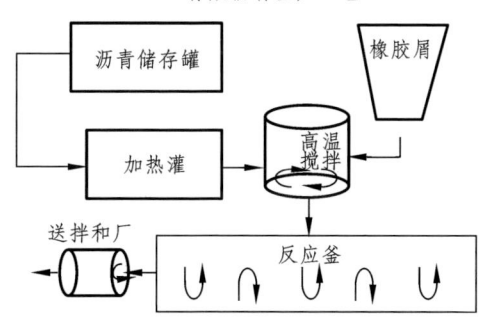

图 12-1　橡胶沥青生产工艺

橡胶沥青的制备方法是首先将回收的废旧轮胎进行切割、粉碎，并精加工成为橡胶粉。在高温条件下，橡胶粉颗粒、基质沥青和其他添加剂产生神奇的碰撞，在共混共融反应下形成橡胶沥青；之后，在高温条件下将橡胶沥青与石料混合并搅拌均匀，形成橡胶沥青混合料；最后，采用摊铺机、压路机将橡胶沥青混合料摊铺在路面上，通过碾压成型，形成橡胶沥青路面，如附图 12-2、附图 12-3 所示。

附图 12-2　橡胶沥青示意

附图 12-3　橡胶沥青路面示意

◆应用案例

该技术入选广西"突破 100 项重大技术计划",获"广西新产品新技术"认定、广西科技进步一等奖等多项科技奖,衍生出 10 余类产品;通过升级传统加工工艺,提升橡胶沥青性能和废旧胶粉利用率,实现新一代橡胶沥青工厂化生产,适用于沥青路面面层、应力吸收层及水泥混凝土路面加铺层等多个领域，符合绿色发展理念；既高效解决废旧轮胎的社会环境问题，又能提高路面性能、延长路面寿命，具有重大的现实意义。截至目前，该技术在南宁民族大道整修工程、阳鹿高速公路、崇水高速公路等各类公路应用近 1000 km。

应用案例如附图 12-4～附图 12-6 所示：

附图 12-4　广西融河高速应用示意

附图 12-5　广西民族大道橡胶沥青应用示意

附图 12-6　广西阳鹿高速公路应用示意图

◆ **推广前景**

　　橡胶沥青路面平整抗滑，行车安全性较好，不仅适用于新建和改建柔性路面，旧水泥路面加铺沥青面层，同样也适用于新建复合式路面。其丰富了南方湿热多雨地区高等级公路路面的施工技术，提升了行车安全性与路面服役寿命，推广前景较好。

十三、车路协同 5G 技术信息化技术在广西沙吴高速中的应用

◆ 技术介绍

5G 车路协同自动驾驶是在 5G 信息技术支持下，开展车路协同自动驾驶，促使汽车能够和相应道路形成良好的协同发展效果，具备全过程以及全方位特点，确保车车、车人以及车路具备更高的信息交互水平，以此更好实现汽车行驶的无人化改进，降低驾驶负担，减少驾驶事故发生率，如附图 13-1 所示。因为当前车辆行驶的环境复杂性较为突出，为了形成较为理想的车路协同自动驾驶效果，必然需要确保海量数据信息资料的及时采集和融合运用，以便更好做出准确的智能化判断，保障车辆自动化行驶的准确性和安全性，这也就必然对于相应网络信息技术提出了较高要求，融入运用 5G 技术的必要性较为突出，这也是推动车路协同自动驾驶发展的关键力量。

附图 13-1　车路协同 5G 技术信息化

基于 5G 车路协同自动驾驶技术的应用来看，其相对于以往我国车路协同系统的运行具备明显优势，信息交流沟通、决策及控制的自动化水平都相对较高，且不容易出现较为严重的故障问题，成为未来车路协同自动驾驶研究的重要方向。5G 车路协同自动驾驶技术主要借助于 5G 通信技术、

北斗导航技术、V2X、路况采集系统相关技术。因为 5G 通信技术的高速率、低速率、大连接三大特性，能够满足汽车自动驾驶数据交互实时性的要求。比如针对汽车驾驶过程中所需要的定位信息、五维时空信息以及道路边缘信息等，都需要在自动驾驶过程中予以实时掌握，以此更好提升汽车自动驾驶效果，切实解决可能出现的驾驶问题和缺陷，这也就需要借助于 5G 相关技术予以实时传输和高效分析。在 5G 车路协同自动驾驶中，车路协同系统的研发和构建应该作为核心内容，同时还需要重点考虑到车辆驾驶的顺畅度，以便有效规避可能因为车辆驾驶中的不当因素导致安全事故发生，最终还应充分考虑司乘人员的体验感，以此更好优化 5G 车路协同自动驾驶成效，确保其更为安全、智能、高效，符合各方面诉求。

高速公路车路协同系统架构如附图 13-2 所示。

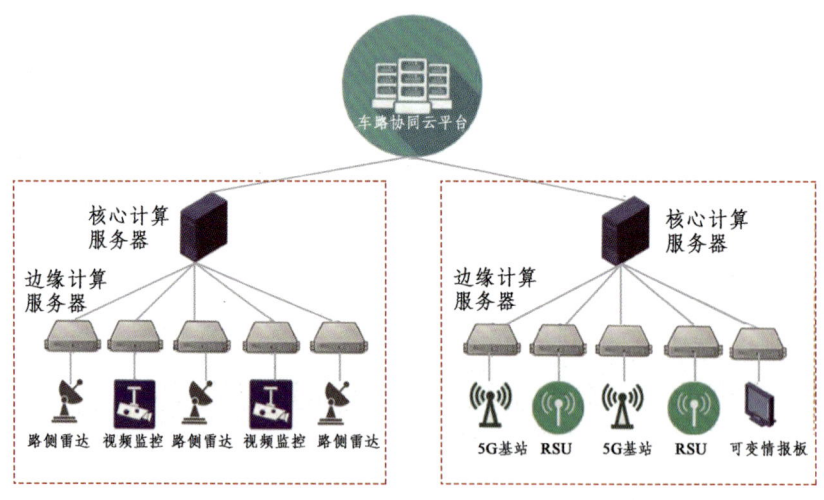

附图 13-2　高速公路车路协同系统架构图

◆应用案例

沙吴高速是广西第一条 5G "黑科技" 高速公路。道路沿途布设了 26 处通信 4G/5G 宏站、3 处北斗高精度基站以及相关的外场设备，建设智慧云控系统，沿途还有 LED 屏幕提供路况信息。得益于高科技技术，行车时，人们可以实时了解道路的路况，如前方是否发生了事故，是否拥堵。智慧服务区平台还可以智能提示是否需要进入服务区，引导寻找泊车位置。遇到雨雾等极端天气，还能提供智能辅助驾驶，如附图 13-3 所示。

附图 13-3　辅助驾驶测试

沙吴高速将人、车、路协同关联起来，为自动驾驶提供了条件。2021年 9 月 24 日，沙吴高速项目进行了车路协同测试，探索测试高速公路适应自动驾驶。在通车前，采用无人驾驶车辆在沙吴高速上进行了通行测试，根据测试结果，未来通车后将提升 15%～25%的通行能力，减少 50%的交通事故，降低 10%的大气污染物排放量。

附图 13-4　自动驾驶测试

◆ **推广前景**

　　推动5G通信网络服务、北斗导航与位置服务、车路协同、交通运行智能管控可有效提高交通管控通行效率，减轻驾驶负担，降低交通事故发生率。对数字交通、智慧交通发展起到推进作用，也顺应了国家推动新兴产业发展的趋势，应用前景良好。

参考文献

[1] 陈国. 公路三维地理信息与智能化选线技术[M]. 北京：人民交通出版社，2014.

[2] 张成. 公路设计企业BIM技术实施的关键问题研究[J]. 江西建材，2019（10）：69-71，73.

[3] 陈贺. 公路、桥梁设计与研究论文集[M]. 北京：人民交通出版社，2000.

[4] 田杰. 3S技术在公路信息化建设中的应用[C]. 全国城市公路学会第十六届（2007）学术年会论文集，2007：108-109.

[5] 韩湘吉. 基于GIS技术的公路路线方案决策支持系统[J]. 湖南交通科技，2006（02）：79-82.

[6] 易文成. GIS技术在公路工程项目建设决策中的应用初探[J]. 中国西部科技，2006（25）：13-15.

[7] 王珺珂. 基于GIS的公路辅助设计技术研究[D]. 郑州：郑州大学，2005.

[8] 汤显平. 基于绿色公路建设理念的高速公路路线设计方案评价体系研究[D]. 长沙：中南林业科技大学，2018.

[9] 赵喜安. 公路规划和勘探设计新技术集成化研究[D]. 武汉：武汉理工大学，2002.

[10] 朱合华. 岩体结构面数字图像三维重构技术[J]. 同济大学学报，2015.

[11] 谢壮，陈宝林，傅金阳，等. 基于机器视觉三维重建技术的隧道掌子面岩体结构数字识别方法及应用[J]. 铁道科学与工程学报，2019，16（04）：1001-1007.

[12] 冷彪. 基于数码成像的隧道掌子面地质信息系统研究[D]. 成都：西南交通大学，2009.

[13] 张子新，王帅峰，黄昕. 节理岩体中TBM掘进施工围岩稳定性及可视化分析[J]. 现代隧道技术，2018，55（02）：36-43，64.

[14] 王道良. 整体式连拱隧道渗漏水机理与防排水措施研究[D]. 重庆：重庆大学，2010.

[15] 王建全. 三维块体系统接触检索算法与非连续变形分析[D]. 大连：大连理工大学，2006.

[16] 唐文毅. 三维非连续变形分析（3D DDA）方法的扩展及在地震滑坡脉冲致滑机理研究中的应用[D]. 成都：西南交通大学，2019.

[17] 郑磊. 数值流形方法及其工程应用研究[D]. 南京：河海大学，2006.

[18] 许敬. 岩土工程三维接触问题的求解及其工程应用[D]. 成都：西南交通大学，2003.

[19] 王迎超. 山岭隧道塌方机制及防灾方法[D]. 杭州：浙江大学，2010.

[20] 姜清辉，丰定祥. 三维非连续变形分析方法中的锚杆模拟[J]. 岩土力学，2001（02）：176-178.

[21] 杨文柱，姜清辉，孙宁. 应用物理模型和三维非连续变形分析方法分析楔形体破坏[J]. 岩石力学与工程学报，2003（S1）：2268-2273.

[22] 刘君. 三维非连续变形分析与有限元耦合算法研究[D]. 大连：大连理工大学，2001.

[23] 王士民. 非连续子母块体细观损伤演化模型及其应用[D]. 上海：同济大学，2008.

[24] 张航，王述红，郭牡丹，等. 岩体隧道三维建模及围岩非连续变形动态分析[J]. 地下空间与工程学报，2012，8（01）：43-47.

[25] 孟凡利，余绍淮，刘德强. 山区高速公路改扩建工程三维激光扫描勘测设计研究[J]. 工程勘察，2019，47（06）：50-55.

[26] 王思维. 基于分割的机载LiDAR点云数据滤波获取DTM方法研究[D]. 成都：成都理工大学，2014.

[27] 杨长根. 基于虚拟环境选线系统的航测选线方法研究[D]. 成都：西南交通大学，2009.

[28] 梁盛智. 测量学[M]. 重庆：重庆大学出版社，2005.

[29] 罗玲. 基于LiDAR数据的铁路轨道信息提取方法研究[D]. 焦作：河南理工大学，2016.

[30] 黄华平，李永树. 机载激光雷达测量技术在铁路勘测中的应用[J]. 测绘，2010，33（05）：216-217，228.

[31] 原战辉，肖林萍. 基于机载 LiDAR 点云数据的城区道路提取[J]. 测绘与空间地理信息，2019，42（02）：166-169.

[32] 王国锋，李建成，杜震洪，等. 高精度三维工程环境构建理论、方法及公路勘察设计成套技术[Z]. 中国公路工程咨询集团有限公司，2013.

[33] 刘晓东. 高精度智能化先锋——中咨集团引领勘察设计技术变革[J]. 中国公路，2012（10）：62-65.

[34] 郑家庆，赵喜安. 公路勘察设计方式的重大变革[C]. 中国公路学会计算机应用学会 2002 年年会学术论文集，2002：12-19.

[35] 雷文茂. 复合式基层长寿命沥青路面结构分析[D]. 长沙：中南大学，2010.

[36] 侯荣国. 复合式长寿命路面结构研究[D]. 西安：长安大学，2008.

[37] 麻玉海. 长寿命沥青路面的可行性研究[J]. 黑龙江交通科技，2005（04）：35-36.

[38] 聂忆华. 全柔式长寿命沥青路面（FF-LLAP）结构及其设计方法研究[D]. 长沙：中南大学，2008.

[39] 张云龙. 长寿命沥青路面合理结构研究[D]. 西安：长安大学，2008.

[40] 殷伟. 季冻区长寿命沥青路面合理结构研究[D]. 西安：长安大学，2009.

[41] 平树江. 基于复合式基层的耐久性沥青路面结构研究[D]. 西安：长安大学，2009.

[42] 任红丽. 永久性沥青路面结构设计理念探讨[J]. 公路交通技术，2009（03）：48-51.

[43] 袁兴无. 长寿命沥青路面的设计理念及路面结构组合设计[J]. 城市道桥与防洪，2008（09）：12-15，4-5.

[44] 高晓伟. 重载沥青路面改造方案和结构优选[D]. 成都：西南交通大学，2018.

[45] 王冀蓉. 重载道路长寿命沥青路面设计轴载分析[D]. 长沙：湖南大学，2007.

[46] 陈开圣. 公路工程压实黄土的强度与变形及其微观结构研究[D]. 西安：长安大学，2006.

[47] 郜玉兰. 黄土地区重交通水泥混凝土路面结构设计理论与方法、关键技术及工程应用. 太原：山西省交通科学研究院，2012-05-24.

[48] 刘少文. 山西运煤干线水泥混凝土路面损坏分析与典型结构研究[D]. 西安：长安大学，2011.

[49] 聂敏. 特重荷载交通作用下重型水泥混凝土路面结构研究[D]. 武汉理工大学，2011.

[50] 张志祥，陈荣生，白琦峰. LSM沥青混合料疲劳极限的试验研究[J]. 公路交通科技，2006（04）：19-22.

[51] 苏金巧. 模拟路面的层状结构物层底拉应变变化规律研究[D]. 西安：长安大学，2011.

[52] 张艳. 基于模型试验的层状结构物层底应变分析[D]. 西安：长安大学，2014.

[53] 方凌易. 高速公路沥青路面改造技术研究[D]. 东南大学，2019.

[54] 韩庆. 整体性基层发展现状及展望[D]. 西安：长安大学，2011.

[55] 刘宁. 半刚性基层沥青路面结构内部应变的现场测试与分析[J]. 北方交通，2014（01）：93-98.

[56] 雒晓东. 季冻区柔性基层沥青路面的适应性研究[D]. 西安：长安大学，2012.

[57] 李新明. 基于层位分工的耐久性沥青路面结构优化研究[D]. 天津：河北工业大学，2014.

[58] 王莎. 水泥石灰粉煤灰稳定碎石材料级配优化研究[D]. 西安：长安大学，2005.

[59] 何忠明，杨煜，段旭龙. 粗粒土路堤填料路用性能及其循环动应力试验[J]. 长安大学学报（自然科学版），2019，39（02）：27-34.

[60] 马士杰. 粒料基层设计方法与永久变形控制指标研究[D]. 东南大学, 2015.

[61] 刘权. 新旧路基不均匀沉降分析与控制技术研究[D]. 西安：长安大学, 2016.

[62] 马国栋, 吴瑞麟, 孙钊, 等. 土工格栅和土工格室处理拓宽路堤沉降及侧移比较研究[J]. 土木工程与管理学报, 2013, 30（03）：38-42, 49.

[63] 马健翔. PFWD 快速检测评价沥青路面压实质量的应用研究[D]. 长沙理工大学, 2019.

[64] 查旭东. PFWD 快速检测路基模量研究[J]. 公路交通科技, 2009, 26（01）：26-30.

[65] 李跃军. 路基强度的快速无损检测、评价与控制研究[D]. 中南大学, 2012.

[66] 张博. 路基模量现场检测方法试验研究[D]. 内蒙古工业大学, 2006.

[67] 宋晓明. PDA 在路基施工检测数据处理中的应用研究[D]. 重庆：重庆交通大学, 2009.

[68] 杨博. 应用 DCP 快速检测土基压实质量研究[D]. 长沙理工大学, 2010.

[69] 徐伟, 钱治杭. 不同湿度状态下土基回弹模量的研究[J]. 城市道桥与防洪, 2020（06）：236-238, 28.

[70] 周文, 罗品杰, 李跃军. 路基回弹模量变化规律及对沥青路面结构的影响研究[J]. 湖南交通科技, 2011, 37（04）：1-5, 78.

[71] 刘文劼, 董城, 周轮, 等. 基于动态回弹模量的湖区黏土路基临界高度与湿度关系研究[J]. 湖南交通科技, 2018, 44（02）：6-10, 84.

[72] 郑凤玺, 郑晨, 狄升贯. WK-G1 固化淤泥填筑路基性能研究[J]. 筑路机械与施工机械化, 2014, 31（07）：65-68.

[73] 薛颖慎. 滨海淤泥固化填筑路基应用技术研究[D]. 西安：长安大学, 2015.

[109] 谭忆秋，张驰，徐慧宁，等. 主动除冰雪路面融雪化冰特性及路用性能研究综述[J]. 中国公路学报，2019，32（04）：1-17.

[110] 刘状壮，沙爱民，蒋玮. 蓄盐沥青路面研究进展：盐化物材料、混合料及其性能与评价[J]. 中国公路学报，2019，32（04）：18-31，72.

[111] 高杰. 碳纤维-水泥乳化沥青砂浆加热带设计与微波除冰功能研究[D]. 西安：长安大学，2014.

[112] 李潇潇，马晓术. 路面除冰雪专利技术综述[J]. 山西建筑，2018，44（30）：234-235.

[113] 田东. 低冰点凝胶状高黏乳化沥青的研制与应用研究[D]. 哈尔滨工业大学，2019.

[114] 孟定宇. 低冰点雾封层材料设计及性能评价[D]. 哈尔滨工业大学，2016.

[115] 高杰，张正伟，韩振强，等. 电磁波吸收材料用于微波融冰雪路面的研究进展[J]. 材料导报，2016，30（23）：87-95.

[116] 王小娟. 道路融雪化冰—地源热泵复合式系统研究[D]. 天津大学，2014.

[117] 俞建勋. 冰雪条件下公路交通安全及保障措施[J]. 珠江水运，2014（10）：60-61.

[118] 胡力群，沙爱民. 保水降温功能水泥混凝土铺面材料组成设计与性能研究[J]. 功能材料，2012，43（10）：1348-1351，1356.

[119] 冯月月. 多孔海绵水泥混凝土路用性能研究[D]. 西安：长安大学，2013.

[120] 李洋洋. 掺硅藻土的保水水泥混凝土组成设计与水热性能评价[D]. 西安：长安大学，2017.

[121] 田洋，庞琦，孙国强，等. 沥青混凝土疲劳损伤自愈合行为研究进展（5）——沥青自愈合微胶囊[J]. 石油沥青，2016，30（05）：27-34.

[122] 赵龙. 密实型沥青混凝土电磁感应加热自修复技术研究[D]. 重庆：重庆交通大学，2015.

[123] 马衍轩，张颖锐，尹康樾，等. 自修复微胶囊及其防护涂层应用研究进展[J]. 涂料工业，2018，48（11）：54-62.

[124] 张士萍，刘俊亮. 混凝土裂缝自修复技术的研究现状[J]. 混凝土，2017（06）：17-20.

[125] 匡亚川，欧进萍. 内置纤维胶液管钢筋混凝土梁裂缝自愈合行为试验和分析[J]. 土木工程学报，2005（04）：53-59.

[126] 骆宇时，罗为民，张伟. 智能材料在混凝土结构中的应用研究简介[J]. 人民长江，2002（03）：29-31.

[127] 吕忠. 胶囊法裂缝自愈合技术在水泥基材料中的定量表征[D]. 江苏：东南大学，2013.

[128] 熊汉江. SBS改性沥青混凝土感应加热自修复技术研究[D]. 重庆：重庆交通大学，2016.

[129] 张大海. 沥青洒布车电磁感应加热技术研究[D]. 西安：长安大学，2007.

[130] 张雷，刘全涛，吴少鹏，等. 自愈合胶囊对沥青混合料的性能影响研究[J]. 武汉理工大学学报（交通科学与工程版），2018，42（01）：39-43.

[131] 何亮，黄胡端，W VAN DEN BERGH，等. 沥青自修复微胶囊研究进展[J]. 材料导报，2020，34（15）：15092-15101.

[132] 窦谦培，师阳. 自制微胶囊对沥青混合料裂缝的修复性能评价[J]. 兰州工业学院学报，2020，27（04）：46-51.

[133] 李添帅，陆国阳，王大为，等. 高性能聚氨酯透水混合料关键性能研究[J]. 中国公路学报，2019，32（04）：158-169.

[134] 韩暖. 基于海绵城市理念下的透水砖及铺装设计[D]. 成都：西南交通大学，2017.

[135] 胡晓宇. 玄武岩纤维高粘沥青及混合料性能特性研究[D]. 杭州：浙江大学，2015.

[136] 覃潇，申爱琴，郭寅川. 玄武岩纤维沥青胶浆性能试验研究[J]. 建筑材料学报，2016，19（04）：659-664.

[137] 覃潇, 申爱琴, 郭寅川. 基于关联性的玄武岩纤维沥青胶浆及其混合料性能研究[J]. 材料导报, 2016, 30 (12) : 124-128, 152.

[138] 许珊珊. 玄武岩纤维沥青胶浆性能及其界面粘结特性研究[D]. 扬州: 扬州大学, 2018.

[139] 彭波, 李文瑛, 戴经梁. 纤维在沥青混合料中应用的研究[J]. 中南公路工程, 2003 (02) : 44-46.

[140] 张铭铭. 多聚磷酸改性沥青微观结构及技术性能研究[D]. 西安: 长安大学, 2012.

[141] 曹晓娟. 多聚磷酸改性沥青[J]. 当代化工, 2015, 44 (05) : 948-950.

[142] 付国志. 多聚磷酸改性沥青改性机理及混合料性能研究[D]. 大连: 大连理工大学, 2017.

[143] 郝飞. 多聚磷酸改性沥青及其混合料技术性能研究[D]. 西安: 长安大学, 2012.

[144] 戚林玲, 龚建君, 王晓菲, 等. 基于抗车辙性能提升的复合高模量沥青混合料研究[J]. 工程技术研究, 2019, 4 (02) : 9-11.

[145] 方四发, 熊子佳, 孙聪, 等. 高模量沥青混合料温度粘弹性能研究[J]. 新型建筑材料, 2020, 47 (03) : 78-82.

[146] 杨维涛. 高模量沥青混凝土技术性能研究[D]. 天津: 河北工业大学, 2011.

[147] 周庆华, 沙爱民. 高模量沥青混凝土动态模量及主曲线研究[J]. 现代交通技术, 2011, 8 (02) : 9-12.

[148] 王善巍, 李鹏, 潘永杰, 等. 高模量沥青混凝土技术应用研究[J]. 内蒙古公路与运输, 2015 (06) : 50-52.

[149] 施晓强, 陈先华, 杨军, 等. 高模量沥青混合料的路用性能评价[J]. 公路工程, 2014, 39 (06) : 175-179.

[150] 王志美. 温拌沥青路面混合料压实特性研究[D]. 重庆: 重庆交通大学, 2011.

[151] 李立国. 新型沥青混凝土搅拌站的环保技术[J]. 筑路机械与施工机械化, 2019, 36 (06) : 110-113.

参考文献

[152] 刘伟. 高寒地区 Evotherm 温拌沥青混合料的研究及应用[D]. 西安：长安大学，2019.

[153] 颜赫. SuperPCR SBS 改性乳化沥青粘层材料研发与应用研究[D]. 西安：长安大学，2013.

[154] 杨炎生，柳浩，李恩光，等. 乳化条件对高黏改性乳化沥青储存稳定性的影响[J]. 石油炼制与化工，2017，48（05）：27-30.

[155] 李新贺. 沥青路面不同层间接触状态对路面结构受力的响应研究[D]. 西安：长安大学，2012.

[156] 纪鑫和. 高渗透改性乳化沥青的制备与性能评价[D]. 西安：长安大学，2013.

[157] 温立影. 超薄磨耗层高性能改性乳化沥青粘层材料开发研究[D]. 西安：长安大学，2011.

[158] 陈改霞，贾秦龙，尹艳平，等. 对改性乳化沥青的主要影响因素研究[J]. 石油沥青，2013，27（02）：38-42.

[159] 黄余阳阳. 沥青路面层间粘结性能影响因素研究[D]. 西安：长安大学，2013.

[160] 申爱琴，杨景玉，郭寅川，等. SAP 内养生水泥混凝土综述[J]. 交通运输工程学报，2021，21（04）：1-31.

[161] 覃潇，申爱琴，李俊杰，等. 内养生路面混凝土水分传输特性及力学性能[J]. 建筑材料学报，2021，24（03）：606-614.

[162] 覃潇，许婕婷，申爱琴，等. 自养护路面混凝土抗盐冻性能及疲劳特性[J]. 硅酸盐通报，2021，40（08）：2784-2793.

[163] 李强，覃潇，蔡正森. 基于综合性能的自养护桥面水泥基材料灰靶决策[J]. 公路工程，2021，46（03）：171-179.

[164] 沙爱民，蒋玮，王文通，等. 面向智慧道路建造的新型路面材料设计与展望[J]. 科学通报，2020，65（30）：3259-3269.

[165] 梁波，崔璐璐，潘国兵，等. 基于反光蓄光理念的辅助隧道节能照明理论与技术[J]. 现代隧道技术，2014，51（5）：15-22.

[166] 徐建晖, 陈诚, 万宏, 等. 长余辉路面自发光涂料研究及应用[J]. 公路交通技术, 2017, 33（06）: 14-16, 26.

[167] 吴春颖, 于明明, 刘开琼. 橡胶沥青再生旧沥青路面技术应用研究[J]. 重庆交通大学学报（自然科学版）, 2015, 34（01）: 64-67, 77.

[168] 石伟伟. 橡胶沥青SMA复合式路面结构性能及力学响应分析[D]. 湖南大学, 2012.

[169] 冯西宁, 建筑垃圾在公路路基中的应用研究[Z]. 西安: 陕西省高速公路建设集团公司, 2012-03-21.

[170] 李少康. 建筑垃圾在公路路基中的应用研究[D]. 西安: 长安大学, 2014.

[171] 张秋月, 贲东生. 建筑垃圾的综合治理势在必行[J]. 山西建筑, 2010, 36（11）: 356-357.

[172] 刘泽锋. 建筑渣土用作路基填料的施工工艺[J]. 公路与汽运, 2014（04）: 109-111.

[173] 张喜民, 田寅. 路用建筑垃圾生产加工定额的编制研究[J]. 工程造价管理, 2018（03）: 25-31.

[174] 薛雪. 建筑垃圾作为道路材料的再生加工技术研究[D]. 西安: 长安大学, 2014.

[175] 段德峰, 刘润喜, 王晓川, 等. 钢渣在道路工程中的应用研究进展[J]. 河南科技, 2021, 40（23）: 129-132.

[176] 毛志刚, 蓝天助, 张红日, 等. 钢渣特性及在道路工程中的应用研究[J]. 中外公路, 2019, 39（05）.

[177] 喻平. 水泥稳定钢渣碎石基层抗疲劳性能研究[D]. 重庆: 重庆交通大学, 2017.

[178] 李超, 陈宗武, 谢君, 等. 钢渣沥青混凝土技术及其应用研究进展[J]. 材料导报, 2017, 31（03）: 86-95, 122.

[179] 陈宗武. 钢渣理化特性及其沥青混凝土性能研究[D]. 武汉: 武汉理工大学, 2017.

[180] 李伟，郎雷. 钢渣沥青混凝土渗透、压缩及耐久性试验研究[J]. 科学技术与工程，2017，17（11）：315-321.

[181] 杨硕，解长渊，聂佳佳. 钢纤维掺量对钢渣沥青混合料路用性能影响研究[J]. 公路工程，2019，44（06）：223-227.

[182] 陈建行. 隧道弃渣在水泥稳定碎石基层中的路用性能研究[D]. 西安：长安大学，2020.

[183] 靳倡智. 隧道弃渣片麻岩在水泥稳定碎石基层中的应用研究[D]. 天津：河北工程大学，2018.

[184] 何矾. 筋锚三维网柔性防护边坡试验研究与稳定性分析[D]. 湘潭：湖南科技大学，2020.

[185] 陈丽. 筋锚三维网生态防护边坡试验研究与工程应用[D]. 湘潭：湖南科技大学，2019.

[186] 方振. 龙箐边坡稳定性分析与治理措施研究[D]. 湘潭：湖南科技大学，2018.

[187] 周开壹，袁兴中，余卫东. 光伏电池减光照明系统照亮公路隧道[J]. 中国公路，2016（19）：106-108.

[188] 张丽丽，张立宏. 沥青路面压实实时监测及分析系统研究[J]. 现代交通技术，2015，12（05）：23-26.

[189] 郑长安，路面施工智能控制系统[Z]. 长沙：湖南省交通科学研究院，2013-12-30.

[190] 胡志刚，张晓斌. 路面施工机械机群智能控制系统[J]. 计算机工程，2003（19）：32-34.

[191] 魏洪兴，王田苗，陈殿生. 智能化工程机械及其关键技术研究[J]. 工程机械，2004（05）：1-3，49-4.

[192] 罗斌. 3D摊铺技术在路面施工中的运用[J]. 科技创新与应用，2020（13）：175-176.

[193] 周明辉. 连续配筋混凝土路面结构分析及工程应用[D]. 衡阳：南华大学，2015.

[194] 申留中，梁中敏，吴平. 连续配筋混凝土路面表面裂缝影响因素的分析[J]. 城市道桥与防洪，2010（02）：15-17，33，6.

[195] 宋柳，刘斌清. 基层类型对连续配筋混凝土路面早期性能的影响[J]. 黑龙江交通科技，2015，38（01）：3-4.

[196] 张金生. 连续配筋混凝土路面冲断影响因素研究[J]. 山东交通科技，2018（05）：10-14.

[197] 李和林. 双层连续配筋水泥混凝土路面水平裂缝产生机理研究[D]. 武汉：华中科技大学，2019.

[198] 曹东伟. 连续配筋混凝土路面结构研究[D]. 西安：长安大学，2001.

[199] 胡长顺，曹东伟. 连续配筋混凝土路面结构设计理论与方法研究[J]. 交通运输工程学报，2001（02）：57-62.

[200] 李聪，张欣，陈骏，等. 预制模块化道路技术在绿色施工中的应用[J]. 建筑施工，2015，37（07）：868-869.

[201] 冯忠绪，江建卫，于丽娟，等. 搅拌设备设计讲座（第十四讲）混凝土振动搅拌技术[J]. 工程机械，2008（04）：63-66，103.

[202] 曹红葵，曹世晖. 关于高性能混凝土搅拌理论的研究[J]. 混凝土，2006（05）：17-19，23.

[203] 李杰. 振动搅拌技术在混凝土生产中的应用研究[D]. 西安：西安建筑科技大学，2004.

[204] 沈虹. 混凝土振动搅拌技术的理论分析及相关装置的研究[D]. 西安：西安建筑科技大学，2007.

[205] 赵悟，冯忠绪. 再生集料混凝土的振动拌和强化机理研究[J]. 混凝土，2006（08）：17-20.

[206] 张良奇. 混凝土振动搅拌机理和工业应用研究[D]. 西安：长安大学，2013.

[207] 李晖. 基于三维探地雷达的沥青路面面层厚度与密度无损检测技术研究[D]. 广西大学，2020.

[208] 祝丽. 基于三维探地雷达的沥青路面施工均匀性研究[D]. 济南：山东建筑大学，2018.

[209] 卢永伟. 基于探地雷达的沥青路面施工质量均匀性评价指标与方法研究[D]. 西安：长安大学，2018.

[210] 王方立，阮坤，李伟雄. 基于三维探地雷达的沥青路面混合料施工均匀性评价研究[J]. 路基工程，2020（04）：163-169.

[211] 郭翔宇. 3D探地雷达对沥青路面孔隙率与厚度的检测研究[J]. 工程技术研究，2017（05）：102-103，133.

[212] 孙朝云，赵海伟，李伟，等. 基于双相扫描检测的路面三维裂缝识别方法[J]. 中国公路学报，2015，28（02）：26-32.

[213] 赵海伟. 路面裂缝三维检测算法研究[D]. 西安：长安大学，2015.

[214] 袁梦霞，孙朝云. 基于目标减背景法的路面三维裂缝识别方法[J]. 中外公路，2015，35（05）：88-93.

[215] 吕双全. 高速公路凝冰预警及自动化处置技术[J]. 山西建筑，2019，45（14）：98-100.

[216] 武吉. 山区公路主动抗凝冰系统集成研究[D]. 重庆：重庆交通大学，2019.

[217] 赵鸿铎，朱兴一，涂辉招，等. 智能铺面的内涵与架构[J]. 同济大学学报（自然科学版），2017，45（08）：1131-1135.

[218] 胡恒武，查旭东，岑晏青，等. 太阳能路面研究现状及展望[J]. 长安大学学报（自然科学版），2020，40（01）：16-29.

[219] 赵军. 我国智慧公路发展存在的问题及对策建议[J]. 人民交通，2018（03）：64-65.

[220] 赵亚兰. 环保型智能化公路路面修筑技术研究[J]. 西安文理学院学报（自然科学版），2018，21（03）：71-76，100.

[221] 王帅琪，金玉婷，陈英实. 光伏技术在路面结构中的应用分析[J]. 建材与装饰，2019（31）：246-247.

[222] 孙立军，赵鸿铎，涂辉招，等. 智能道路——应用与概念[J]. Engineering，2018，4（04）：18-21.

[223] 张志勇. 高陡岩石边坡加固技术研究[D]. 北京：北京工业大学，2006.

[224] 刘宝华，王浩，刘利君. 边坡岩移监测点数据库建立及应用[J]. 煤炭技术，2009，28（11）：114-116.

[225] 蔡路军，马建军，周余奎，等. 岩质高边坡稳定性变形监测及应用[J]. 金属矿山，2005（08）：46-48.

[226] 白震，夏永强. 路面裂缝贴：道路裂缝修复新材料[J]. 市政技术，2021，39（03）：5.

[227] 张杰. 沥青路面雾封养护剂材料路用性能研究[D]. 重庆：重庆交通大学，2017.

[228] 张文忠. 高速公路沥青路面预养护技术应用研究[D]. 西安：长安大学，2018.

[229] 许建兵，王子元. 雾封层的材料特点和施工工艺[J]. 新材料产业，2013（01）：59-61.

[230] 李俊霞，张志杰. 沥青路面施工中雾封层施工技术的应用分析[J]. 江西建材，2014（03）：150.

[231] 张国海. 潍坊市城区道路微表处的应用与研究[D]. 济南：山东大学，2014.

[232] 王帅杰. 纤维沥青碎石封层用于沥青路面预防性养护研究[D]. 西安：长安大学，2013.

[233] 邬洁. 超薄磨耗层技术在高速公路养护中的应用[J]. 科技与企业，2013（16）：190，193.

[234] 王小龙，罗君. 超薄磨耗层施工专家 装备喷洒模块的福格勒超级1800-3型摊铺机品鉴[J]. 工程机械与维修，2015（07）：54，56，58.

[235] 梁鹏. 碎石封层结合料的制备及关键性能研究[D]. 中国石油大学（华东），2017.

[236] 赵珏亮. 浅谈同步碎石封层施工工艺[J]. 中小企业管理与科技（下旬刊），2013（09）：226.

[237] 黄晓秋. 同步碎石封层技术在云南国省道干线公路养护中的应用研究[D]. 重庆：重庆交通大学，2014.

[238] 陈艳. 沥青纤维碎石封层在杭嘉湖地区的应用研究[D]. 杭州：浙江大学，2015.

[239] 郭振霞. 纤维沥青碎石封层在道路养护中的应用[J]. 交通世界（建养.机械），2010（07）：98-99.

[240] 李坤. 纤维封层力学性能试验研究[D]. 大连：大连理工大学，2008.

[241] 虞将苗，杨倪坤，于华洋. 道路高性能沥青超薄磨耗层技术研究与应用现状[J]. 中南大学学报（自然科学版），2021，52（07）：2287-2298.

[242] CHAN S, LANE B, KAZMIEROWSKI T, et al. Pavement preservation: a solution for sustainability[J]. Transportation Research Record: Journal of the Transportation Research Board，2011，2235（1）：36-42.

[243] 杨福斌. 超薄磨耗层在西部沿海高速公路养护中的技术应用[J]. 交通建设与管理，2019（02）：100-104.

[244] 李树宽. 超薄磨耗层在辽宁省高速公路养护工程中的应用研究[D]. 哈尔滨工业大学，2015.

[245] 余叔藩. SMA路面设计与施工[M]. 北京：人民交通出版社，2002.

[246] 李德超. SMA混合料配合比设计方法研究[D]. 西安：长安大学，2003.

[247] 王广伟. 热阻式超薄磨耗层的试验研究[D]. 哈尔滨：哈尔滨工业大学，2008.

[248] 吕珩. 超薄磨耗层NovaChip技术实例应用分析[J]. 中国新技术新产品，2012（16）：14-15.

[249] 祁睿. 沥青混合料性能对NovaChip超薄磨耗层工作性能影响研究[J]. 水利与建筑工程学报，2020，18（02）：210-214.

[250] 黄勇新. GT TECH聚合物复合改性沥青混合料在超薄磨耗层中的应用[J]. 广东公路交通，2018，44（04）：32-36.

[251] 潘玉利. 西部地区高等级公路养护技术研究[Z].北京：交通运输部公路科学研究院，2011-11-29.

[252] 李强，林翔. 公路养护设计是什么？[J]. 中国公路，2020（03）：17-18.

[253] 杨振海，蔡文龙，许欢，等. 沥青路面半刚性基层裂缝非开挖注浆修补技术应用研究[J]. 湖南交通科技，2020，46（02）：29-31，100.

[254] 魏唐中,洪锦祥,林俊涛.水泥与乳化沥青对冷再生强度的影响及作用机理[J].建筑材料学报,2017,20(02):310-315.

[255] 肖曼.厂拌乳化沥青冷再生在公路中的应用研究[D].西安:长安大学,2014.

[256] 钟荣华.水泥-乳化沥青冷再生路面设计方法和性能研究[D].西安:长安大学,2011.

[257] 李秀显.厂拌乳化沥青冷再生技术在市政道路基层中的应用研究[D].天津:河北工业大学,2015.

[258] 杨泉.水泥冷再生混合料在沥青路面大修工程中的应用研究[D].西安:长安大学,2011.

[259] 徐剑,黄颂昌,邹桂莲,等.我国沥青路面再生技术应用现状与再生规范编制[J].公路交通科技(应用技术版),2008,4(S1):131-133.

[260] 王宇.沥青路面再生研究[D].西安:长安大学,2011.

[261] 黄明锋.浅析旧沥青混合料再生工艺及利用[J].江西建材,2014(09):151-152.

[262] 靳淑慧.沥青路面废弃物综合再生方式的技术适用性研究[D].重庆:重庆交通大学,2013.

[263] 张娜,李刚,欧国林.浅谈厂拌热再生技术与沥青路面养护[J].交通标准化,2008(13):99-102.

[264] 曾露.益阳大道沥青路面就地热再生施工质量控制[D].长沙:长沙理工大学,2018.

[265] 李龙,赵启飞,李哲.沥青路面再生的环保效益与对策研究[J].绿色科技,2011(06):49-50.

[266] 李巍.复拌加铺就地热再生技术在国道G321上的应用[J].西部交通科技,2016(03):22-25.

[267] 彭玉柱.沥青路面温拌再生技术及工程应用[D].北京:北京工业大学,2014.

[268]《中国公路学报》编辑部.中国道路工程学术研究综述·2013[J].中国公路学报,2013,26(03):1-36.

[269] 王维营. 大比例温拌再生沥青及混合料性能研究[D]. 大连：大连理工大学，2018.

[270] 李子豪. 高 RAP 掺量温拌再生沥青混合料路用性能研究[D]. 武汉：湖北工业大学，2017.

[271] 杨航，程景，唐明旭. 厂拌热再生技术在公路养护维修中的应用[J]. 西部交通科技，2013（05）：18-22.

[272] 许慧. 基于 RAP 材料变异性的厂拌再生过程质量管理研究[D]. 重庆：重庆交通大学，2013.

[273] 仲星全. 泡沫沥青温拌再生沥青混合料性能研究[D]. 扬州大学，2018.

[274] 张玉宏. 水泥混凝土路面碎石化综合技术研究[D]. 东南大学，2006.

[275] 冯秋红，许凌云，郭艺飞. 浅谈水泥混凝土路面碎石化技术的应用[J]. 浙江建筑，2010，27（09）：60-62.

[276] 张颖芝，姚勇. 低温雪上环境场地场馆精准形变监测系统方案研究[J]. 中国信息化，2020（05）：90-93.

[277] 郑质彬，樊啸，彭岩岩. 边坡工程监测预警技术研究[J]. 科技风，2019（19）：92.

[278] 南天. 无人机倾斜摄影及自动三维建模技术在地质灾害应急测绘中的应用——以三明市妙元山为例[J]. 测绘与空间地理信息，2019，42（03）：182-184.

[279] 邹雨甜，毛凯楠，任红容. 无人机影像在滑坡地质灾害调查中的应用[J]. 科学技术创新，2018（25）：16-17.

[280] 梁涛，王浩，泮俊，等. 公路边坡风险评估软件 RASlope 的研发与应用[J]. 中国地质灾害与防治学报，2016，27（01）：62-70.

[281] 崔海涛，施兴华. 车载式城市道路塌陷灾害预警雷达系统工程案例介绍与分析[J]. 测绘通报，2013（S2）：101-103.

[282] 崔海涛，陈洁，李民，等. 车载阵列雷达在道路塌陷灾害预警探测中的技术应用[J]. 测绘通报，2016（S1）：61-63，72.

[283] 沈松，应怀樵，郝磊，等. 云监测系统的研究与应用[C]. 第 25 届全国振动与噪声高技术及应用会议论文选集，2012：39-43.

[284] 包淼. 基于 DASP 数据采集分析系统的桥梁动静载测试[C]. 现代振动与噪声技术（第九卷），2011：350-356.

[285] 张若钢，李文洋，李万鹏，等. 基于"北斗系统"的大跨连续梁桥形变监测设计分析[J]. 广东土木与建筑，2017，24（03）：82-85.

[286] 李满来，廖亚莉，石正雄. 某大跨连续梁桥形变实时监测系统设计[J]. 交通科技，2017（05）：15-18.

[287] 彭振中，李倩霞，徐知秋，等. 北斗与 GPS 集成的高精度定位及桥梁监测分析[J]. 热带地理，2016，36（04）：717-726.

[288] 靳明，曹明月，王正伟. 基于高精度北斗定位的桥梁形变监测系统[J]. 现代商贸工业，2017（23）：186-188.

[289] 杜东，刘宏伟，周佳慧，等. 北京市通州区地面沉降特征与影响因素研究[J]. 地质学报，2022，96（02）：712-725.

[290] 孔祥如，罗勇，刘贺，等. PS-InSAR 技术在北京通州区地面沉降监测中的应用[J]. 城市地质，2021，16（01）：25-31.

[291] 顾兆芹，宫辉力，张有全，等. PS-InSAR 技术在北京平原区地面沉降监测中的应用研究[J]. 光谱学与光谱分析，2014，34（07）：1898-1902.

[292] 张莉. SAR 技术探讨地面沉降的监测与分析[J]. 河南科技，2012（05）：86-87.

[293] 杨沈生. 遥感技术在地面沉降监测与分析中的应用[J]. 民营科技，2016（03）：54.

[294] 郑志琴. 基于 D-InSAR 技术的矿区地表沉陷监测及其数据处理研究[D]. 西安科技大学，2014.

[295] 李震. 基于 D-InSAR 技术的鲜水河地区地表形变监测研究[D]. 北京：北京交通大学，2016.

[296] 杨艳. 北京地面沉降 InSAR 监测效果分析[J]. 上海国土资源，2013，34（04）：21-24.

[297] 谢彭宇. 刚柔复合式路面结构界面处理技术试验研究[D]. 重庆：重庆交通大学，2013.

[298] 谭淑芳，张洪刚，农新伟.不同处理技术对复合式路面界面糙化及界面强度的影响研究[J]. 西部交通科技，2020（10）：24-26，68.

[299] 李晓明. 广西区内复合式路面性能调查研究及建议[J]. 企业科技与发展，2015（18）：55-57.

[300] 佚名. 废旧轮胎在公路工程中的综合应用[J]. 交通节能与环保，2015，11（01）：13-22.

[301] 曾光. 浅谈5G车路协同自动驾驶技术的应用[J]. 网络安全技术与应用，2022（02）：88-89.